지은이

박민흥 목사

1922년 경북 청도에서 태어나다.
하얼빈 중학교, 동경농대에서 수학하다.
경북여고, 대륜고 교사 및 외자청비서관에서 일함.
1956년 아르헨티나로 이민, 제2대 교민회장으로 일함.
1970년 비제가스장로교회를 개척하여 현재까지 복음을 전파함.
현재 비제가스장록회 장로, 비제가스한국학교 이사장
민주평화통일 해외지역자문위원으로 일함.

도서출판 대장간은
쇠를 달구어 연장을 만들듯이
생각을 다듬어 기독교 가치관을
바르게 세우는 곳입니다.

대장간이란 이름에는
사라져가는 복음의 능력을 되살리고,
낡은 것을 새롭게 풀무질하며, 잘못된 것을
바로 세우겠다는 의지가 담겨져 있습니다.

도서출판 대장간은
새로운 사회, 즉 예수사회(교회)를 건설하려는
꿈을 가진 도구로서 예수 사회를 구성하는
공동체의 한 지체입니다.

www.daejanggan.org

십일조의 혁명

지은이	박민홍
초판발행	1991년 4월 25일
개정판	2008년 6월 28일
펴낸이	배용하
편집	이상희
등록	제364-2008-000013호
펴낸곳	도서출판 대장간
	www.daejanggan.org
	대전광역시 동구 삼성동 대동천좌안8길 49
	전화 (042) 632-1403 전송 (042) 623-1424
박은곳	동진인쇄
보급처	기독교출판유통 (031) 906-9191
ISBN	89-92257-25-2

이 책은 저작권법에 의해 보호를 받는 출판물입니다.
기록된 형태의 허락 없이는 무단 전재와 복제를 금합니다.

 값 6,000원

※이 책에 인용된 성경 구절은 〈개역개정판〉을 사용하였습니다.

십밀조의 혁명

박민흥

차례

- 머리글 〉6
- 1장　세상 법과 십일조 〉15
- 2장　새로운 법이 생기면 옛 법은 소멸된다 〉20
- 3장　새로운 법에서 본 실일조 〉28
- 4장　아브라함과 십일조 〉41
- 5장　야곱과 십일조 〉53
- 6장　부자간과 십일조 〉67
- 7장　사도들의 가르침과 행함 〉80
- 8장　사도들의 가르침과 행함에서 본 십일조 〉93
- 9장　사랑과 십일조 〉109
- 10장　십일조와 교회의 부패 〉116
- 11장　부패 방지와 독일교회 〉137

머리말

  왜 십일조를 내지 말아야 하는지에 대한 이유를 몇 가지 이야기함으로써 이 책의 머리말로 삼고자 합니다.

  첫째, "그리스도는 … 율법의 마침이 되시니라"롬 10:4고 한 바와 같이 지금은 예수님으로 말미암아 모든 율법들이 죽어버린 은혜의 시대입니다.

  그러므로 십일조를 규정한 율법도 죽어버렸기 때문에 십일조 명목으로는 헌금하지 말아야 합니다.

  예수님께서 십자가 위에서 피흘려 죽으심으로 말미암아 모든 율법들이 다 죽고 말았습니다. 그 결과 모세 5경 중 천지창조와 이스라엘의 기원에 관한 역사서라 할 수 있는 창세기를 제외한 순수 율법서에 해당하는 4율법서 곧 출애굽기, 레위기, 민수기, 신명기 등에 나오는 율법들이 다 죽고 말았습니다. 그러므로 출애굽기 22장

18절에는 "너는 무당을 살려두지 말라"고 하였지만 출애굽기의 율법들이 죽어버린 까닭에 우리는 무당을 만나도 죽이기는 커녕 사랑으로 교제할 수 있게 되었으며, 레위기에는 하나님에 대한 제사법이 상세히 기록되어 있지만 레위기의 율법들이 죽어버린 까닭에 오늘날 그 율법대로 제사를 지내는 사람은 이 세상 어디서도 찾아볼 수 없게 되었습니다.

또한 민수기에는 레위인의 특권과 직무가 명시되어 있지만 민수기의 율법들이 죽어버린 까닭에 오늘날 신구교 어느 교를 막론하고 레위인이 따로 없고 누구든지 필요한 자격만 갖추면 목사나 신부는 물론 교황까지도 될 수 있으며, 신명기에는 "여자는 남자의 의복을 입지 말 것이요"신 22:5, "네 포도원에 두 종자를 섞어 뿌리지 말라"신 22:9, "양털과 베실로 섞어 짠 것을 입지 말지니라"신 22:11고 한 율법들이 있지만 신명기의 율법들이 죽어버린 까닭에 오늘날 이 세상 어디서도 이 조문들을 지켜야 한다고 가르치는 목사나 신부는 찾아볼 수 없게 되었습니다.

이와 같이 모세의 4율법서의 율법들이 죽어버렸기 때문에 그 안에 있던 십일조에 관한 율법들도 동시에 죽어버렸습니다. 다시 말해서 이제는 십일조를 규정한 율법들이 죽어버렸음으로 십일조를 징수할 근거가 없어졌다는 말입니다.

둘째, 구약 말미에 있는 말라기를 십일조의 근거로 삼는 이가 있습니다만, 이 말라기는 앞서 말한 그 율법들이 살아 있을 때 그 율법의 준행을 독려하기 위해 쓰여진 것일 뿐입니다. 그러므로 말라기의 운명은 4율법서의 율법이 죽으면 자동적으로 무용지물이 될 수밖에 없는 운명입니다. 그런데 그 율법이 죽어 없어진 지 2천 년이 되는 지금에 와서 이 사문화한 구절을 미끼로 돈을 거출한다는 것은 불법으로 끝나지 아니하고 일종의 사기행위와 하등 다를 바 없는 것입니다.

셋째, 마태복음 23장 23절을 십일조의 근거로 삼고자 하는 이가 있지만 이 구절은 결코 십일조의 근거가 될 수 없다는 사실을 알아야 합니다.

왜냐하면 만약 이 구절이 십일조의 근거가 된다면 화가 있을 것이라는 비난을 받은 바리새인들처럼, 주산물의 그 큰 수입은 다 감추어버리고 정원이나 집 울타리 등에 조금씩 심어 놓은 하찮은 관상용의 박하나 회향이나 근채 따위의 십일조만 드리면 된다는 말이 되어, 이는 하나님을 속이는 행위를 권장하는 실로 엄청난 모순에 빠지기 때문인 것입니다. 그러므로 이 구절은 예수님께서 십일조 제도의 영구한 존속을 허락하시거나 보장하신 말씀이 아니란 말입니다. 그것이 형식화되어 내실 없는 허울만 남은 꼴이 되고 말았으니, 이는 마치 상한 갈대는 꺾지 않아도 조만간 죽기 때문에 그대로 방치하듯이 혹은 꺼져가는 심지는 끄지 않아도 꺼질 것이기 때문에 방치하듯이, 형식화되어 허울만 남은 십일조 제도도 십자가의 피로 말미암아 제사제도와 안식일을 포함하여 날과 달과 해와 각종 절기들을 지키는 일체의 율법이 다 폐해질 때 동시에 폐해지게 되어 있기 때문에 시한부로 잠시 방치해 둔 것일 뿐입니다. 그러므로 마태복음 23장 23절을 방패로 삼아 십일조를 종용하는 술책에 넘어가서는 결코 안됩니다.

넷째, 지난날 이스라엘 백성들은 율법 아래 있었기 때문에 십일조를 바쳐야 되었지만, 오늘날의 우리들은 그들과는 달리 은혜 아래 있기 때문에 십일조를 바쳐야 할 이유가 없습니다. 그럼에도 불구하고 사람들은 어떤 이들의 바르지 못한 설교에 빠져 십일조를 바치지 않으면 안된다고 생각하여 십일조 아닌 것을 십일조인 양 가장하여 바침으로써 하나님을 속이는 중죄에 빠지게 되는 것이 오늘날 우리 한국교인들이 처해 있는 실정이라고 생각합니다.

그런데 여기서 하나 빼 놓을 수 없는 지극히 중요한 일이 있습니다. 그것은 다름 아니라 십일조를 바치고도 그것 때문에 도리어 죄를 얻는 이유는 그것이 온전한 십일조가 아니어서 하나님을 속인 것이 되기 때문입니다. 그런데 만일 온전한 십일조만 바친다면, 그것은 의가 되는 것은 물론 하나님이 기뻐하신다고 믿는 일에 관한 것입니다. 그러나 이것은 어디까지나 율법이 폐해지기 전까지의 말이지 일단 율법이 폐해진 후부터는 결코 그런 것이 아니란 사실을 바로 알아야 하는 것입니다.

즉 하나님께서는 독생자 예수 그리스도의 십자가로 말미암아 율법이 폐해진 후부터는 아들의 그 새 계명에 따른 사랑의 행위는 기뻐하시지만 아들이 목숨으로 폐해버린 그 율법에 따라 행해지는 이른바 율법의 행위는 원치도 않으시고 기뻐하지도 않으신다는 사실을 바로 알아야 하는 것입니다.

그런데 아시다시피 십일조는 모세의 율법에서 나온 율법의 행위이지 결코 예수님의 새 계명에서 나온 사랑의 행위가 아닌 것입니다. 그러므로 우리가 아무리 속임이 없는 정직하고도 온전한 십일조를 바친다 할지라도 십일조란 명칭이 붙은 이상, 또는 굳이 그 명칭을 내세우지 않았다 하더라도 그런 율법적인 관념으로 바치는 이상, 그것은 하나님을 속여서가 아니라 율법에 연유한 행위 곧 율법의 행위가 되기 때문에 의가 되지 못함은 물론 하나님이 기뻐하지 않으신다는 사실을 알아야 하는 것입니다.

그러므로 우리는 십일조란 것은 정직이나 온전 여부에 관계 없이 어떤 경우를 막론하고 무조건 의가 되지 못하는 동시에 하나님이 기뻐하지 아니하신다는 사실을 알아야 합니다. 따라서 귀한 돈을 바쳤음에도 불구하고 그것이 의가 되지도 못하고 도리어 불의가 되는 동시에 하나님을 슬프게 하는 일이 된다면 십일조를 바쳐야 할 이유가 없다는 것입니다.

다섯째, 히브리서 10장 8절에서 "위에 말씀하시기를 주께서는 제사와 예물과 번제와 속죄제는 원하지도 아니하고 기뻐하지도 아니하신다 하셨고 (이는 다 율법을 따라 드리는 것이라)"고 하였는데, 이 중 예물이라고 한 것은 그 당시의 헌물인 십일조를 가리키고 있기 때문입니다. 오늘날과 달리 구약시대에는 돈으로 드리는 헌금은 거의 없고 대개가 산물産物로 드리는 헌물 곧 예물이었습니다. 그 예물의 주종을 이루고 있던 것이 십일조인데 이 십일조는 특별히 그 양이 너무 많거나 거리가 멀어 현물現物로 가져올 수 없을 경우에 한해서만 돈으로 바꾸어 바치는 편법이 있기는 하였지만, 원칙적으로는 다 소산의 십분의 일을 현물 그대로 바치는 헌물 곧 예물이었습니다. 그런데 그 예물을 사랑에서 바치지 않고 강요된 율법에 따라 바치게 되자 마침내 그 예물을 하나님께서는 원치도 않으시고 기뻐하지도 않으신다고 하시기에 이르렀던 것입니다.

이와 같이 율법이 살아 있을 때에도 율법적으로 드리는 그 예물 곧 십일조를 원치도 아니하고 기뻐하지도 아니하신다고 하셨으니,

하물며 율법이 죽어버린 오늘날에 와서 그 율법을 빙자하여 십일조를 징수하는 일은 결코 하나님께서 원하신 일이라고 할 수 없습니다.

여섯째, 어디 그뿐입니까? 갈라디아서 2장 21절에서는 "내가 하나님의 은혜를 폐하지 아니하노니 만일 의롭게 되는 것이 율법으로 말미암으면 그리스도께서 헛되이 죽으셨느니라"고 하였는가 하면 갈라디아서 5장 4절에서는 "율법 안에서 의롭다 함을 얻으려 하는 너희는 그리스도에게서 끊어지고 은혜에서 떨어진 자로다"라고까지 극언하였는데, 이 말씀들은 다 따지고 보면 십일조의 이행 등 율법의 준수가 사람을 의롭게 할 수 없음은 물론 나아가서 그런 것을 의로 알고 추구하는 자들을 가리켜 이르기를 "그리스도에게서 끊어지고 은혜에서 떨어진 자"라고 하였으니, 세상에 이보다도 더 불쌍하고 가련한 자가 또 있을 수 있겠습니까?

왜냐하면 우리가 다 그리스도의 은혜로 말미암아 구원을 얻게 되어 있는데, 그 그리스도에게서 끊어지고 그 은혜에서 떨어진다면, 그야말로 지옥에 떨어질 가련한 신세가 아니고 무엇이겠습니까?

도대체 왜 귀한 돈 바치고 이러한 지옥의 운명을 자초해야 하는 것입니까?

일곱째, 갈라디아서 5장 1절에서 바울 사도는 "그리스도께서 우리로 자유케 하려고 자유를 주셨으니 그러므로 굳세게 서서 다시는 종의 멍에를 메지 말라"고 하는 지극히 의미심장한 분부를 하고 있습니다.

  이제 이 분부를 잘 새겨 본다면 결코 우리는 십일조 등 율법의 행위에 예속됨으로써, 예수님께서 우리를 자유케 하려고 주신 그 자유를 포기하고 스스로 율법의 멍에를 다시 메는 그런 어리석은 행동을 해서는 결코 안될 것입니다.

  이 밖에도 십일조 등 율법에서 벗어나야 한다고 가르쳐 주신 곳이 한 두 곳이 아닙니다만 여기서 다 말할 수 없고, 다만 이 책으로 말미암아 귀한 돈을 바치고도 도리어 하나님으로부터 죄를 얻고 예수 그리스도에게서 끊어지고 은혜에서 떨어지는 그런 불쌍하고도 가련한 자가 단 한 사람이라도 줄어지게 된다면, 그것이야말로 우리 주님에 대한 다시 없는 보람으로 여기고자 하는 바입니다.

  끝으로 기성교회의 그 거대한 힘에 굴하지 아니하고 사람의 환심이나 영리보다 하나님의 진리를 드러내기 위해서 애쓰는 대장간의 출판 철학에 심심한 경의를 표하는 바입니다.

아르헨티나에서 박민홍

십일조를 **왜** 드립니까?
하나님의 율법이기 때문입니까?
그렇다면 율법대로
모든 소득의 온전한 십일조를
드릴 수 있다고 생각하십니까?

온전한 십일조를 드리지 않으면서도
율법에 근거하여
십일조를 드리고 있다고 생각한다면,
그것은 분명
살아계신 하나님을 속이는 무서운 죄일 것입니다.

1장
세상 법과 십일조

구약시대의 사람들 즉 지난 날 이스라엘 족속이 여호와께 드린 예물은 크게 나누어 두 가지가 있었습니다.

첫째는 고르반 막 7:11입니다. 이는 직접 여호와 자신을 위하여 드린 것으로서, 번제레 1:3나 소제레 2:1로 드리는 화목제레 3:1, 속죄제레 4:3,14,24,29; 속건제레 5:6,14; 6:6 등입니다.

둘째는 이른바 십일조민 18:21~31; 신 12:14~19; 14:22~29입니다. 이는 고르반에 관한 일을 맡아보는 레위인에게 수고 대가로 주는 것으로서, 형식은 하나님께 드리는 것이나 실제로는 하나님이 아니라 사람인 레위인에게 주는 것입니다. 이 두 가지가 하나님께 드리는 대표적인 것이라 하겠습니다.

이제 여러분은 다음과 같은 문제와 의문에 부딪히게 될 것입니다. 우리는 이제까지 예수님을 믿어 왔지만 위의 두 가지 중 하나님께 드리는 고르반에 관하여는 어느 목사로부터도 이를 행하라는 권유나 종용을 받아본 적이 없었음에도 불구하고, 레위 지파의 수고에 대한 대가로 주는 십일조에 대해서는 부단히 강요받아 왔다는 사실입니다.

그래서 우리는 이 대목에서 "정승네 말 죽었을 때는 조객이 많더니 정승 죽었을 때는 없더라"고 한 속담처럼 주객이 바뀐 듯한 느낌을 갖게 됩니다.

그러므로 십일조의 강요는 지난 날의 이스라엘 족속 중 레위 지파를 제외한 열한 지파에게라면 몰라도, 이를 오늘날의 우리들에게 적용하는 것은 이 제도의 합리성을 파괴하는 결과를 초래할 뿐 아니라 진실과 상반되는 일이므로 도저히 받아 들일 수 없는 일입니다.

십일조란 이스라엘 열두 지파 중 레위 지파를 제외한 열한 지파가 레위 지파에게 매년 그 소득의 십분의 일을 헌납한 제도인데, 하나님께서 그 비율을 꼭 십분의 일로 정하신 것은 그렇게 하는 것이 가장 합리적이기 때문이었을 것입니다. 즉 그 비율을 십분의 일로 했을 때 열두 지파의 수입이 서로 비슷하게 되어 평형을 이루기 때문일 것입니다.

그런데 만약 이스라엘 열한 지파 외에 다른 민족들이 이 제도에 가담하여 각각 그 소득의 십분의 일을 레위 지파에게 바친다고 한다면 열두 지파 사이에 수입의 평형이 파괴될 뿐 아니라 이 제도의 바탕이 되고 있는 합리성마저 깨어지고 말 것입니다.

그러므로 십일조 제도를 공포할 당시 하나님의 의지와 경륜은 이 제도를 이스라엘 족속 중 열한 지파에 한정시켜 시행했음을 알 수 있습니다. 따라서 이스라엘 열한 지파 외의 다른 민족에게 이 제도를 확산시키고자 하는 것은 그 자체가 벌써 하나님의 의지와 경륜에 맞지 않는 것입니다.

뿐만 아니라 그 십일조를 바치는 곳은 여호와께서 택하실 곳신 12:17,18 즉 예루살렘 성전 한 곳으로 명령하셨습니다. 그러므로 이 율례를 무시하고 다른 곳, 이를테면 각 교회로 가져오게 하는 것도 옳지 않는 일입니다.

더군다나 우리가 언제 레위인에게 우리를 위하여 제사드려 달라고 부탁한 일이 있으며, 레위인이 우리를 위하여 번제를 드리려고 소나 양을 잡아 각을 뜨거나 기름을 불사르는 수고를 한 적이 있으며, 레위인이 우리를 위하여 소제를 드리려고 곡물가루에 기름을 섞는 수고를 한 적이 있습니까?

다시 말해 조금이라도 우리를 위하여 수고한 일이 있거나 또는 우리 쪽에서 부탁한 일이 있어야 무슨 대가를 치르든지 보수를 주든지 하지, 전혀 그런 일이 없는데 대가니 보수니 하는 말들은 성립될 수 없는 것입니다. 더욱이 지금은 레위인의 개념이 존재하지 않는 것을 감안하면 더욱 그러합니다.

그러므로 존재하지도 않는 레위인을 빙자하거나 또는 실제에 있어 전혀 그런 사실이 없는 어떤 허구의 이론을 앞세워 금품을 요구하는 행위는 사기행위에 해당하는 것입니다.

우리는 레위인을 통하여 간접적으로 하나님을 만나는 것이 아니라 오직 예수님의 피 공로로 말미암아 직접 기도로써 하나님과 직통하게 되었기 때문에, 이제는 어떠한 형태로든지 레위인을 위해 제정된 십일조를 요구하는 일은 있을 수 없는 일입니다.

구약시대의 사람들이 여호와와 화목하는 방법은 오로지 제사장과 제물을 통해서만 가능했으며, 그 제사장의 직분은 오직 레위인만이 담당했으며 그 주된 제물은 소나 양이나 비둘기 등이었습니다.

그러나 예수님께서 친히 우리를 위하여 십자가 위에서 자신을 바치심으로 말미암아 레위인보다 더 나은 제사장이 되어 주셨으며 동시에 자기 몸과 피로써 소나 양이나 비둘기보다 더 나은 제물이 되어 주셨습니다히 7:24,25; 9; 11,12.

그러므로 이제 소나 양이나 비둘기 등에 의한 제물의 제도는 우리와 영영 관계가 없게 되었습니다.

지난 날 제사장들이 행하던 제사를 직접 본 일이 없으므로 그 제사에 관련된 용어들이 우리에게는 다 생소할 수밖에 없습니다. 그래서 그 중 중요한 몇 가지에 관하여 설명하겠습니다.

번제燔祭: 번제의 '번' 자는 '구울 번' 자로 소나 양 따위의 제물을 불 위에 놓고 굽는 제사이기 때문에 그렇게 부르게 되었으며, 이에 관한 설명은 레위기 1장 3~9절에 나와 있습니다.

소제素祭: 소제의 '소' 자는 '흴 소' 자로 밀가루 등 곡물 가루의 색깔이 흰 까닭에 그렇게 부르게 되었으며, 번제는 소나 양 등 동물을 드리는 제사인데 반하여 소제는 밀가루 등 곡물을 드리는 제사로서, 이에 관한 설명은 레위기 2장에 나와 있습니다.

화목제和睦祭: 이것은 일명 감사제 또는 수은제('수' 자는 '갚을 수' 자임)인데 은혜에 감사하는 제사 또는 은혜를 갚는 제사로서, 이에 대한 설명은 레위기 3장과 7장 11~34절에 나와 있습니다.

속죄제贖罪祭: 이것은 죄 사함을 받기 위하여 드리는 제사로서 '속' 자를 빼고 단순히 죄제라고도 하며, 이에 대한 설명은 레위기 4

장에 나와 있습니다.

　속건제贖愆祭: 이것은 자기의 허물로 인하여 드리는 제사로서 '속' 자를 빼고 단순히 건제라고도 하며('건' 자는 '허물 건' 자임), 이에 대한 설명은 레위기 5장 6절과 14~19절에 나와 있습니다.

　그런데 속죄제와 속건제가 다른 것은, 속죄제는 일반적으로 돌이킬 수 없는 죄를 위한 제사인데 반하여 속건제는 돌이킬 수 있는 죄를 위한(레 5:14~19; 6:1~7; 민 5:5~10 제사라는 것입니다.

　고르반: 고르반이란 위에 열거한 제물의 총칭이면서 하나님께 바쳐지는 예물과 헌물들을 모두 통틀어 일컫는 말로서, 이에 관하여는 마가복음 7장 11절과 기독교대사전의 '희생과 제물' 혹은 영한사전 '고르반' Corban등을 참조하시면 도움이 될 것입니다.

　그리고 조금이라도 도움이 될까 하여 덧붙이는 것은 레위기 1장 9절과 출애굽기 29장 18절 등에 화제火祭로 나와 있는 것은 무슨 제사든지 불을 사용하여 드리는 제사를 통틀어 일컫는 말이며, 레위기 7장 32절과 민수기 15장 19~21절 등에 거제擧祭로 나와 있는 것은 제물을 드린다는 뜻의 동명사로서 제물이나 예물 혹은 헌물 등의 뜻으로 사용되어 있습니다.

2장
새로운 법이 생기면 옛 법은 소멸된다

　성경을 자세히 읽어보면 끊임없이 새로운 분부, 교훈, 법 등이 이전에 있는 분부, 교훈, 법 등을 제치고 우승하는 반면, 구법은 효력을 잃고 한낱 역사적인 사실로만 남게 된다는 것을 알 수 있을 것입니다. 이러한 현상을 편의상 신법우선원리(The doctrine of superiority of the new law to the old one)라 부르기로 하겠습니다.

　예를 들면 구약에서는 "눈에는 눈으로, 이에는 이로 갚을지라" 레 24:20라고 하였으나, 신약에서는 "악한 자를 대적지 말라" 마 5:39고 하였는가 하면 "나는 너희에게 이르노니 너희 원수를 사랑하며 너희를 박해하는 자를 위하여 기도하라"고까지 하였습니다 마 5:44. 이럴 경우 우리는 구법인 구약에 따를 것이 아니라 신법인 신약에 따라야 하는 것입니다.

구약에서는 "맹세한 것은 반드시 지키라"민 30:2; 신 23:21고 한데 반하여 신약에서는 "도무지 맹세하지 말라"마 5:34; 약 5:12고 하였는데, 이때도 역시 우리는 구법인 구약을 따를 것이 아니라 신법인 신약을 따라야 하는 것입니다.

뿐만 아니라 같은 신약에 나타난 예수님의 분부들 가운데서도 공생애 초창기에 행하신 분부 곧 "이방인의 길로도 가지 말고 사마리아인의 고을에도 들어가지 말고 오히려 이스라엘 집의 잃어버린 양에게로 가라 "마 10:5,6고 하신 명령과, 그 후 승천하시기 직전에 행하신 분부 곧 "그러므로 너희는 가서 모든 민족을 제자로 삼아 아버지와 아들과 성령의 이름으로 세례를 베풀고 내가 너희에게 분부한 모든 것을 가르쳐 지키게 하라 볼지어다 내가 세상 끝날까지 너희와 항상 함께 있으리라 하시니라 "마 28:19,20고 하신 말씀 중에서도 우리는 나중에 하신 말씀 즉 신법에 해당하는 것을 따라야 한다는 것입니다.

그뿐입니까? 예수님의 행하심과 교훈이나 예수님께서 이 세상을 떠나신 후 사도들이 보여준 행함과 교훈 사이에도, 우리는 역시 예수님의 행하심과 교훈보다는 더 신법에 속하는 사도들의 행함과 교훈을 따라야 함을 인식하고 은연중에 이를 실천해 오고 있는 것이 사실입니다.

이를테면 예수님께서는 모세의 법에 의거하여 할례와 결례를 받으셨는가 하면 눅 2:21,22 모세의 규례에 따라 안식일을 지키셨으나눅 4:16, 예수님께서 보내주신 성령을 받은 예수님의 제자들은 안식 후 첫날인 주의 부활의 날에 떡을 떼려고 모이기 시작하였습니다행

20:7; 고전 16:2.

그러므로 우리는 사도들의 행한 바대로 안식일과 구별된 주일에 모이게 되었는가 하면, 할례와 결례 등에 관해서도 예수님의 행하심을 따르지 않고 사도들의 규정과 교훈을 따라 할례와 결례 등을 행치 않게 된 것입니다갈 5:6,11; 6:15.

같은 사도들의 교훈 가운데서도 어떤 교훈 다음에 그와 상반되는 다른 교훈이 나올 경우, 우리는 아무 의심이나 주저없이 이전의 교훈을 버리고 새 교훈을 따름으로써 무의식 중에 이 신법우선원리대로 신앙생활을 하고 있는 것입니다.

예를 들면 애초 이방인들에게 복음을 전파할 때, 그들의 규정은 "우상의 제물과 피와 목매어 죽인 것과 음행을 멀리"행전 15:29하는 것이었지만, 후일 그 규정을 의결하고 공포한 장본인 중의 한 사람이었던 사도 바울은 "무릇 시장에서 파는 것은 양심을 위하여 묻지 말고 먹으라 이는 땅과 거기 충만한 것이 주의 것임이라"고전 10:25,26고 하여 전의 규정을 파기하였습니다.

또한 "음식물은 먹지 말라고 할 터이나 음식물은 하나님이 지으신 바니 믿는 자들과 진리를 아는 자들이 감사함으로 받을 것이니라 하나님께서 지으신 모든 것이 선하매 감사함으로 받으면 버릴 것이 없나니 하나님의 말씀과 기도로 거룩하여짐이라"딤전 4:3-5고 하는 새로운 교훈이 선포되자, 우리는 그 새 교훈에 따라 모든 것을 감사하게 먹게 된 것입니다.

그런데 이 신법우선원리는 성경에만 있는 것이 아니라 세상법에도 존재합니다. 즉 새로운 법이 생겨나면 묵은 법은 죽고 끊임없이 신법으로 대체되어 갈 뿐더러, 같은 법 안에서도 일단 대법원 판례가 바뀌게 되면 그때부터 구 판례에서 벗어나 새 판례를 따르게 됩니다.

사실상 구법이나 구 판례들은 효력이나 구속력을 잃고 문자 그대로 사문화되어 가는 것이 법의 세계를 일관해 오는 하나의 불문율이 되어 있는 것입니다.

그러므로 오늘날에는 어느 누구도 일제 식민지 시대의 법률을 지키는 이가 없으며, 어떤 판사도 효력을 잃고 사문화 되어버린 일제 시대의 법률을 가지고 재판을 하려는 판사가 없으며, 어떤 공무원도 일본 강점기의 법규나 미군정 시대의 군정 명령으로 행정하려는 자는 찾아볼 수 없는 것입니다.

이와 같이 우리는 세상의 일상 생활에서나 성경에서나 이 신법우선원리에 근거하여 살고 있으며, 이 원리가 우리로 하여금 성경을 해석하는 데 있어 무지나 아집이나 독선 혹은 기타 여러 가지 혼란과 무질서로부터 우리를 보호해 주는 소중한 길잡이가 되어 주고 있는 것입니다.

다시 말해 성경 해석상 우리 앞에 어떤 문제가 있을 경우 그 문제의 정답이 무엇이냐 하는 것은, 다수결로 결정되는 것이 아님은 물론 그렇다고 해서 큰 교회의 고명한 목사에 의해서 결정되는 것도 아니며, 사람의 집단인 노회나 총회에서 결정되는 것도 아닙니다. 그 문제는 오직 성령, 그 중에서도 이 신법우선원리에 합치하는 성령의 가르침이 유일하고도 완전한 해답이 된다는 사실입니다.

이를 테면, "먹어야 하느냐 먹지 말아야 하느냐? 피워야 하느냐 피우지 말아야 하느냐? 절기를 지켜야 하느냐 안 지켜야 하느냐? 주일을 지켜야 하느냐 안식일을 지켜야 하느냐? 할례를 받아야 하느냐 안 받아야 하느냐? 십일조를 내야 하느냐 내지 말아야 하느냐?' 하는 문제 등을 비롯하여, "이 법을 지켜야 하느냐 아니면 저 법을 지켜야 하느냐? 이 법이 살아서 효력을 가진 법이냐 죽어서 효력을 상실한 법이냐?' 하는 우리 신앙생활의 일체의 문제는, 그 해답을 오직 하나님의 말씀인 성경에서 찾되 이 신법우선원리에 합치되는 답만이 유일무이한 정답인 것입니다.

이제 왜 그런가 하는 것을 좀더 부연해서 설명하겠습니다. 사도 요한은 요한일서 2장 26절에서 "너희를 미혹케 하는 자들에 관하여 내가 이것을 너희에게 썼노라"고 전제하고 이르기를 "너희는 주께 받은 바 기름 부음이 너희 안에 거하나니 아무도 너희를 가르칠 필요가 없고, 오직 그의 기름 부음이 모든 것을 너희에게 가르치며 또 참되고 거짓이 없으니 너희를 가르치신 그대로 주 안에 거하라"고 하였습니다.

그럼 여기서 말하기를 "아무도 너희를 가르칠 필요가 없고"라 한 이 말은 대체 무엇을 뜻하는 것이겠습니까? 주일날 예배 드릴 때에 설교를 하지 말라는 뜻이겠습니까? 물론 아닙니다. 이 말은 앞서 말한 바와 같이 가령 우리 앞에 어떤 성경 해석상의 문제나 신앙상의 문제가 있을 경우 그 해답을 줄 수 있는 절대적 유권자는 목사나 노회나 총회가 아니라는 말입니다.

그리고 이르기를 "오직 그의 기름 부음이 모든 것을 너희에게 가르치며 또 참되고 거짓이 없으니"요일 2:27라 하였는데, 이는 또한 무엇을 뜻하는 것이겠습니까? 여러분이 짐작할 수 있듯이 그 "기름 부음" 곧 성령을 가리키는 동시에 그 성령의 가르침은 목사나 노회나 총회의 가르침과 달라서 "참되고 거짓이 없으니" 그 성령의 가르침

안에 거하라는 말입니다.

  그러므로 어떤 문제에 부딪혔을 경우에 참되고 거짓이 없는 올바른 해답은 자기 안에 거하는 성령에게 물어서 얻도록 하라는 것입니다. 그렇게 하여 얻은 그 답은 사람을 통하여 얻은 답과 달라서 정녕 참되고 거짓이 없다는 뜻입니다.

  이 얼마나 감사한 말씀입니까? 그렇지 않아도 사도행전 2장 17절에는 "이 세상도, 그 정욕도 지나가되 오직 하나님의 뜻을 행하는 자는 영원히 거하느니라"는 요엘 선지자의 말을 인용함으로써, 말세 곧 복음시대에 사는 우리에게 하나님께서 성령을 부어주실 것이 예언되어 있지만, 예수님께서는 이 문제에 관하여 더욱 분명하게 설명해 주신 동시에 약속을 확고히 해주신 바 있습니다.

  즉 "너희가 악할지라도 좋은 것을 자식에게 줄줄 알거든 하물며 너희 천부께서 구하는 자에게 성령을 주시지 않겠느냐" 눅 11:13고 하심으로써, 구하는 자에게 성령을 보내주실 것을 굳게 다짐하신 것을 비롯하여, 요한복음 16장 13절에서는 "진리의 성령이 오시면 그가 너희를 모든 진리 가운데로 인도하시리니 그가 자의로 말하지 않고 오직 듣는 것을 말하시며 장래 일을 너희에게 알리시리라"고 하심으로써 성령의 역할까지도 미리 알려주셨습니다.

  그러므로 우리는 어떤 문제에 부딪혀 그 해답을 구하고자 할 때에는, 덮어놓고 목사나 사람의 집단인 노회나 총회로 찾아갈 것이 아니라 먼저 자기에게 내주하시는 성령에게 물어보는 것이 순서입니다.

  만약 성령이 자기에게 내주해 있다는 확신이 없을 때에는 약속하신눅 11:13 성령을 보내 주도록 하나님께 간절히 기도해야 할 것입니다.

  그러나 이러한 간구에도 불구하고 성령을 통한 응답이 희미하거나 확신이 없을 경우에는 성경에서 그 해답을 얻을 수 있습니다.

요한복음 5장 39절에서 이르기를 "너희가 성경에서 영생을 얻는 줄 생각하고 성경을 상고하거니와 이 성경이 곧 내게 대하여 증거하는 것이로다"라고 하였는데, 이는 곧 영생은 성경을 통해서 얻어진다는 사실과 그 성경은 우리의 믿음의 대상인 예수님에 관하여 모든 것을 가르쳐 준 것이라는 말입니다.

"모든 성경은 하나님의 감동으로 된 것으로 교훈과 책망과 바르게 함과 의로 교육하기에 유익하니 이는 하나님의 사람으로 온전하게 하며 모든 선한 일을 행할 능력을 갖추게 하려 함이라" 딤후 3:16,17고 함으로써, 성경은 또한 하나님의 감동 곧 성령의 지시와 역사로 기록되었다는 사실을 말해주고 있습니다.

그래서 이 두 구절을 서로 연관시켜 음미해 본다면, 성경이란 다름 아니라 성령의 지시와 역사의 산물로서 예수님에 관한 증거인 동시에 교훈하고 잘못을 책망하고 비뚤어진 것을 바르게 고쳐주고 악에서 벗어나 의로 교육하는 일에 유익하여, 하나님의 사람으로 하여금 모든 선한 일을 하기에 합당하게 해주는 것이므로 모두들 성경에서 영생을 얻으려고 성경을 상고한다는 것입니다.

그러므로 우리는 나에게 기름 부음, 곧 나에게 내주하는 성령을 통한 응답이 희미하거나 확신이 없을 때에는 성령의 지시와 역사로 기록된 성경을 통해서 문제의 해답을 찾으면, 그것이 곧 나에게 기름 부음을 통하여 얻어지는 해답과 동일할 수밖에 없다는 사실을 여기서 깨닫게 되는 것입니다.

이로써 우리는 신앙생활을 하면서 부딪히는 모든 문제의 해답을 사람이나 노회나 총회 등을 통해서가 아니라 각자에게 부어주신 성령을 통하여 얻거나 성경을 통하여 얻어야 하는 것임을 알게 되었습니다.

  그리고 두 가지 방법을 통하여 얻게 된 해답은 서로 동일할 수밖에 없다는 사실을 확실히 알 수 있게 되었을 것입니다.

  따라서 다음 장에서는 앞서 예시한 여러 가지 문제들 중 십일조에 관한 문제를, 각자에 내주하시는 성령을 통하여 묻는 대신 같은 성령의 지시와 역사로 이룩된 성경을 통하여 그 해답을 찾아보기로 하겠습니다.

3장
새로운 법에서 본 십일조

앞장에서 논의된 것을 토대로 하여 이 장에서 논의하고 싶은 결론을 미리 말한다면, 구약시대의 율법과 신약시대의 사도들의 결정 사이에는 전자가 구법이고 후자가 신법이라는 것입니다.

그러므로 신법이라 할 수 있는 예루살렘의 사도회의에서 결정된 내용이 공포된 이후부터는, 신법우선원리에 의거하여 구법에 속하는 할례나 십일조를 강요할 수 없게 되었습니다.

신법우선원리에 의하여 구법에 속하는 할례나 십일조는 신법이라 할 수 있는 예루살렘 사도회의 이후부터는 근거가 상실되어 불법 행위로 전락되는 것입니다.

사도행전 15장의 줄거리를 옮겨보면 이렇습니다.

대충 아시겠지만 바울과 바나바가 여러 곳으로 다니면서 예수님의 복음을 전하던 중 전에 복음을 전한 바 있는 안디옥에 이르자 행

14:26~28, 예루살렘에서 온 유대 그리스도인들이 바울과 바나바의 전도를 받은 예수교 신자들에게 모세의 관례대로 할례를 받아야지 예수님 믿는 것만으로는 절대로 구원을 얻지 못한다는 취지의 말로 그들의 마음을 동요시키고 있었습니다.

이 광경을 목도한 바울과 바나바는 유대에서 내려온 자들과 큰 논쟁을 벌이게 되었습니다.

그들의 의견은 중구난방일 뿐더러 논쟁만으로는 끝이 없자, 사도들의 본거지인 예루살렘으로 가서 사도들과 장로들의 결론을 얻으려고 바울과 바나바는 유대교 신봉자 몇 명과 함께 예루살렘으로 가기로 했습니다행 15: 1,2.

이때 그 상대방이 바울의 권위를 인정하고 그와 함께 예루살렘으로 가기로 한 것은 그들이 비록 모세의 관례인 할례를 강조하기는 했으나 한편으로는 예수님의 도를 받아들인 예수교인이기 때문이었습니다.

그들은 예루살렘에 도착하여 사도들과 장로들 그리고 신도들이 합석한 자리에서 그들이 오게 된 경위와 그 동안의 일들을 보고하였습니다.

그런데 뜻밖에도 그 보고를 듣고 있던 사람들 중 바리새파에 속한 신도들, 곧 예수님을 믿되 율법주의로 믿는 신도의 일부가 말 첫머리에서부터 벌떡 일어나 이방인을 전도해서 교인이 되게 할 때에는 할례를 주어야 함은 물론 모세의 율법까지도 지키게 해야 한다고 주장하고 나왔던 것입니다행 15:5.

바울과 바나바의 입장에서는 그 순간 그야말로 암담하고 기막히는 일이 아닐 수 없었을 것입니다. 왜냐하면 그들이 그곳 예루살렘까지 오게 된 것은 유대에서 온 이들이 할례를 받아야 한다고 주장하는 바람에 그렇지 않다는 사도들의 결론을 얻으려고 왔는데, 막상 와서 회의가 시작되자 기대와는 달리 도리어 회의 벽두부터 할례뿐만 아니라 거기다 한 술 더 떠서 모세의 율법까지도 지키게 해야 한다는 주장이 튀어나왔기 때문입니다.

그러자 이 말을 듣고 있던 베드로가 일어나서 "그런데 지금 너희가 어찌하여 하나님을 시험하여 우리 조상과 우리도 능히 메지 못하던 멍에를 제자들의 목에 두려느냐"행 15:10고 갈파했습니다.

그는 이방인으로서 예수님을 믿으려는 자들에게 율법의 멍에를 메게 하는 일에 대하여 반대 의견을 표명했고, 야고보도 이에 동의하여 더욱더 구체적인 제안을 하게 되었습니다행 15:19,20.

그러자 모든 사람은 그 안을 받아들여 마침내 "우상의 제물과 피와 목매어 죽인 것과 음행"을 멀리하는 것 외에는 "아무 짐도 지우지 아니하는 것이 가하다"는 결론을 얻어행 15:28,29, 이를 각 교회에 공문으로 전달하기에 이르렀던 것입니다.

다시 말하자면 예수님께서 십자가 상에서 "다 이루었다"요 19:30 하시며 운명하시자 성소 휘장이 위로부터 아래까지 찢어져 둘이 되었을 때마 27:5, 이미 모세 이후로 내려온 율법이 폐지되었습니다.

그러면 여기서 "다 이루었다"고 말씀하신 의미는 무엇일까요?

이점에 관해서는 여러 가지 주장이 있는 모양이지만 우리가 믿는 것은 이것입니다.

즉 예수님께서는 일찍이 자신이 세상에 오신 목적을 밝히신 적이 두 번 있는데, 그 중 하나는 앞서 상고한 바와 같이 마태복음 5장 17절에서 "내가 율법이나 선지자를 폐하러 온 줄로 생각하지 말라 폐하러 온 것이 아니요 완전하게 하려 함이라"고 하신 일이며, 나머지 하나는 마태복음 20장 28절막 10:45에서 "인자가 온 것은 섬김을 받으려 함이 아니라 도리어 섬기려 하고 자기 목숨을 많은 사람의 대속물로 주려 함이니라"고 하신 것입니다.

그러므로 예수님이 십자가 상에서 "다 이루었다"고 말씀하신 것은 그가 세상에 오신 그 목적, 즉 그때까지 존속해 온 율법을 폐하여 더 좋은 것으로 완성시키는 일과 또한 자기 목숨을 많은 사람의 대속물로 주는 일, 곧 그때까지 존속해 온 소와 양을 제물로 드리던 제사 대신 자기 스스로가 제물이 되는 일, 이 두 가지 목적을 다 이루었다고 하신 것입니다.

이상이 예루살렘에서 있었던 사도회의의 경위와 내용입니다만, 이제 우리 앞에 닥친 문제는 모세의 율법과 이 사도회의의 결정 내용 사이에는 도저히 서로 용납할 수 없는 차이가 있는데, 이럴 경우 우리가 따라야 할 법은 그 중 어느 것이냐 하는 것입니다.

물론 신법우선원리에 의하여 사도회의의 결정에 따라야 합니다. 사도회의에서 결정된 내용이 공포됨으로 말미암아 오랫동안 우리를 억눌러 온 멍에였던 그 모든 모세의 율법들이 다 죽어서 장사된 것입니다.

즉 이 율법들이 폐지된 것은 예수님께서 친히 십자가 상에서 운명하시면서 "다 이루었다"고 하신 그때였지만, 그 사실이 사람들에 의하여 공인된 것은 바로 이 사도회의에서였던 것입니다.

그런데 여기서 특히 우리가 주목해야 할 것은 모세 율법 중의 하나인 십일조에 관한 율법입니다. 이 율법도 다른 모든 율법과 마찬가지로 그것들이 폐지될 때 함께 폐지되고 그것들이 새 법으로 대체될 때 함께 대체되었다는 사실입니다.

또한 베드로가 앞장 서서 율법폐지를 주장할 때 "우리 조상과 우리도 능히 메지 못하던 멍에"라고 정의했습니다. 이는 사도회의에서 율법들의 폐지를 공인하는 과정에서, 그동안 우리에게 가장 많은 피해를 입혀온 율법이 바로 십일조에 관한 것임을 증명하고 있는 것입니다.

왜냐하면 바울과 바나바가 예루살렘으로 오게 된 동기는 할례 문제였지만, 막상 와서 회의가 열리자 바리새파 사람들에 의하여 모세의 율법 그 자체가 토론의 주요한 대상이 되었기 때문입니다.

할례는 아브라함 이래로 전해 내려온 하나의 관례로서창 17:10 이스라엘 민족이 선민으로서 누리는 명예스런 특권 중의 하나로 여겼을 뿐, 결코 그것을 메기 싫은 멍에라고 혐오해 온 흔적은 성경 어디에도 없습니다.

그러나 모세의 율법 중에서도 이 십일조의 율법이야말로 이스라엘 온 나라가 하나님의 것을 도적질한 범법자로 낙인찍히는 등말 3:8,9, 정녕 베드로의 표현 그대로 "우리 조상과 우리도 능히 메지 못하던 멍에"가 틀림없었기 때문입니다.

이리하여 이스라엘 온 나라, 곧 모든 사람들을 범법자로 전락시켜 온 그 십일조에 관한 율법은 이 예루살렘 사도회의에서 완전히 사멸되고 장사되었던 것입니다.

많은 목사들이 사도행전 15장의 기사를 단순히 할례에 관한 것으로 취급하거나 또는 그리하고 싶어하는 모양이지만 이는 대단히 잘못된 일입니다.

왜냐하면 15장 1절에서 "너희가 모세의 법대로 할례를 받지 아니하면"의 부분이 영역에서는 모세의 법이라 하지 아니하고 습관 또는 관례라 했습니다.

이에 반하여 5절에서 "이방인에게 할례를 주고 모세의 율법을 지키라 명하는 것이 마땅하다 하니라"에 나와 있는 모세의 율법은 구약시대의 일반 율법으로 모세의 관례와는 엄격히 구별되는 것입니다. 그러므로 사도행전 15장의 기사는 이 두 가지를 함께 취급하고 있다고 보아야 합니다.

그래서 새번역에서는 1절의 그 모세의 법이 모세의 관례로 정정하였으면서도 5절의 모세의 법은 여전히 모세의 율법으로 표시함으로써, 할례에 관한 모세의 관례와 일반 율법인 모세의 율법 이 두 가지를 다 함께 취급하고 있는 것입니다.

뿐만 아니라 5절에서 "할례 주고 모세의 율법을 지키라 명하는 것이 마땅하다"라고 한 부분이 영역에서는 "It is necessary to circumcise them, and to charge them to keep the law af Moses"라 함으로써 them까지와 and 이하의 두 문장으로 되어 있을 뿐더러, 특히 them과 and 사이에는 쉼표를 찍어 그것이 두 문장으로 되어 있다는 사실을 밝히 나타내고 있습니다.

이를 직역하면 "그들에게 할례 주는 것이 필요하고 또한 그들로 하여금 모세의 율법을 지키도록 하는 것이 필요하다" 하는 뜻이 되어, 할례와 모세의 율법은 하나의 사건이 아니라 완전 분리된 두 개의 사건임을 그 문장 스스로가 밝히 증거해 주고 있는 것입니다.

위에서 십일조 뿐 아니라 '모든 율법'이 사멸되었다고 하였는데 그 점은 이렇습니다.

구약의 율법서인 모세 5경 중 창세기는, 천지창조의 경위와 선민 이스라엘의 기원인 아브라함으로부터 야곱의 아들 요셉까지의 역사가 그 줄기를 이루고 있으므로 제외하고 나머지 4경을 예로 들어

보겠습니다.

출애굽기 22장 18절에는 "너는 무당을 살려두지 말라"고 하였는데 정말 이 율법대로라면 마치 사울이 예수님을 믿는 자들에 대하여 "위협과 살기가 등등하여"행 9:1 이들을 잡으려고 다메섹으로 가듯이, "우리는 무당들을 살려 두지"않고 죽이기 위하여 찾아 헤메어야 함은 물론 목사들은 이렇게 잡아오는 무당들을 모조리 쳐죽여야 할 것입니다.

레위기 20장 13절에는 "누구든지 여인과 교합하듯 남자와 교합하면 둘 다 가증한 일을 행함인즉 반드시 죽일지니"라고 하였는데, 이런 동성연애자들도 닥치는 대로 목사 앞에 끌고 오면 목사는 모조리 그들을 죽여야 할 것입니다.

또 민수기 28장 16~19절에는 "정월 십사일은 여호와의 유월절이며 또 그달 십오일부터는 절일이니 칠일 동안 무교병을 먹을 것이며"라 하였습니다.

그러므로 우리는 구약시대의 그 수많은 절기들을 다 기억하여 지키되, 규정대로 밥을 먹으면서 지킬 것이 아니라 무교병을 먹으면서 지켜야 함은 물론, 19절에서 명한 그대로 "수송아지 둘과 수양 하나와 일년 된 수양 일곱을 다 흠 없는 것으로 여호와께 화제를 드려 번제가 되게"하여야만 할 것입니다.

신명기 22장 5절에는 "여자는 남자의 의복을 입지 말 것이요 남자는 여자의 의복을 입지 말 것"이라 하였는가 하면 다시 9절에서는 "네 포도원에 두 종자를 섞어 뿌리지 말라"고 하였을 뿐 아니라 11절에서는 "양털과 베실로 섞어 짠 것을 입지 말지니라"고 하였습니다.

그러나 여자들이 남자의 의복인 청바지를 입는 것이 온 세상의 풍

속으로 변했을 뿐만 아니라, 활동적이고 편리한 이 옷을 누가 감히 죄악으로 규정할 수 있겠습니까?

또한 포도원을 비롯한 각종 과수원에 간작물을 심거나 콩밭에 드문드문 옥수수를 심어서 농작물의 증산과 다양화를 꾀하는 것을 어느 누구도 죄악으로 규정할 수 없습니다.

오늘날 우리가 입고 있는 옷들이 거의 다 양털과 베실은 물론 그 밖의 여러 가지 실들을 섞어서 짠 직물로 되어 있는 이 마당에 이러한 혼직물을 제외하면 양복감으로 쓰일 만한 천은 없을 것입니다.

이상은 모세의 율법 곧 모세 5경 중에서 역사편인 창세기를 제외한 율법편에 속하는 출애굽기, 레위기, 민수기, 신명기에서 각각 본보기로 한 두 절만을 추출하여 상고해 본 것입니다.

이 내용들은 이미 모두 효력을 상실하여 죽은 것이며 4경의 그 나머지 부분 또한 죽은 것입니다. 왜냐하면 한번 공포된 법률이란 특별히 부분적으로 빼내어 개폐한 일이 없는 이상, 살았으면 다 같이 살고 죽었으면 다 같이 죽을 수밖에 없기 때문이며, 하나님께서는 율법 중에서 어느 조문만을 부분적으로 빼내어서 개폐하신 적이 없기 때문입니다.

이로써 여러분은 모세의 율법 곧 출애굽기, 레위기, 민수기, 신명기의 율법들이 다 죽었다는 사실을 분명히 이해할 수 있게 될 것입니다.

예수님께서 십자가 상에서 운명하시면서 "다 이루었다"요 19:30고 하신 그때가 율법이 폐지되는 순간이라고 하였는데 이 점에 관하여 좀 부연하겠습니다.

예수님께서는 일찍이 자기가 세상에 오신 이유를 "율법을 폐하려 함이 아니라 완전케 하려 함이라"마 5:17고 하셨는데, 이는 그 율법을 죽이고(폐하고) 더 좋은 것으로 대신하시겠다는 말씀입니다.

예를 들면 "눈은 눈으로 이는 이로 갚으라"고 한 율법을 폐하고 "너희 원수를 사랑하며 너희를 핍박하는 자를 위하여 기도하라" 하는 식의 더 좋은 것으로 완성시키기 위해 오셨다는 말입니다.

이 기회에 조금 더 생각해 볼 것은 예수님께서 직설적으로 내가 온 것은 율법을 폐하려 함이라고 하지 않으시고, 완전케 하려 함이라는 우회적인 화법을 사용하신 이유입니다.

이는 만약 그렇게 곧이 곧대로 말한다면 복음 선포를 끝내기도 전에 유대인들에 의하여 맞아 죽게 되는 결과를 초래하게 되므로, 이러한 일을 피하고 복음 전파에 필요한 최소한의 시간을 벌기 위한 한 방편이었음을 어느 정도 이해할 수 있게 될 것입니다.

여호와께서 말라기 3장 9,10절에서 이르시기를 "너희 곧 온 나라가 나의 것을 도적질하였으므로 너희가 저주를 받았느니라" 하시고는 부연하여 이르시기를 "너희의 온전한 십일조를 창고에 들여 나의 집에 양식이 있게 하라"고 하셨습니다.

말하자면 여호와께서 지목하신 십일조는 '대충' 십일조나 '약' 십일조나 또는 '조금은 모자라지만 그런대로 십일조에 가까운' 십일조 따위가 아니라, 그야말로 한푼이나 한 오라기도 모자라지 않는 '온전한' 십일조란 사실입니다.

따라서 우리는 이스라엘 족속이 십일조를 내지 않았기 때문에 하나님으로부터 도적질한 자로 매도된 것이 아니라, 나름대로 내기는 내었으되 그것이 '온전한' 십일조가 아니었기 때문이란 사실을 알게 됩니다.

이와 같이 이스라엘 온 나라가 범법자로 낙인찍힌 사실은 본능적으로 이기적인 인간이 하나님께 온전한 십일조를 바치는 일은 사실상 불가능함을 증명한 셈입니다.

따라서 오늘날의 교회가 이와 같이 실행 불가능한 것으로 인정된 것을 기어코 실행하라고 종용하는 것은, 성경적으로 말하자면 지난날 이스라엘 온 나라가 빠졌던 그 함정으로 신도들을 다시 몰아넣는 것이며 아나니아와 삽비라행 5:1~11의 운명으로 유도하는 것과 다름없는 것입니다.

세상적으로 말하자면 한번 들어가면 살아나온 예가 없는 강물 속으로, 괜찮다고 부추겨서 뛰어들게 하는 것과 무엇이 다른가 하고 생각하게 되는 것입니다.

예수님께서는 우리를 사랑하시고 우리의 연약함을 아시므로 맹세 자체는 결코 죄가 아니로되 우리로 하여금 도무지 맹세하지 못하게 하셨습니다마 5:34.

이와 같이 만약 어떤 목자가 주께서 우리를 사랑하신 것같이 정말 신도들을 사랑한다면요 13:34,35, 어떤 신도가 십일조를 바쳐 온다 할지라도 "그 명목이 아니더라도 얼마든지 바칠 수 있는데, 하필이면 왜 무서운 위험 부담이 뒤따르는 십일조 명목으로 헌금하느냐"고 하면서 제지하는 것이 진정 목자의 길이 아닐까 생각합니다.

오늘날 목사들이 십일조 이론의 마지막 근거로 삼고 있는 것은 말라기 3장과 누가복음 11장 42절입니다.

그런데 말라기 3장 8절은 십일조에 관한 율법이 아니라 그 율법의 이행을 강조하고 독려한 말로서, 본법에 관련된 부수적인 것에 불과한 것입니다.

따라서 이러한 부수적인 것은 마치 어떤 법률이 폐지되면 이와 관련된 부수적인 것들이 절로 소멸되듯, 이 말라기 3장은 그 본법에 해당하는 모세의 율법 곧 출애굽기, 레위기, 민수기, 신명기 등이 폐지됨에 따라 자동적으로 원인 무효가 됩니다.

그런가 하면 누가복음 11장 42절에서 "그러나 이것도 행하고 저것도 버리지 아니하여야 할지니라"고 하였습니다만 그것은 영원히 그렇게 해야된다는 뜻이 아니라 그 율법이 완성되는 그 순간까지를 가리키는 것이므로, 예수님께서 십자가 상에서 "다 이루었다"고 하신 순간 그 시효가 소멸된 것입니다.

다시 말해 박하와 운향과 모든 채소의 십일조에 관한 율법은 그 이후로는 무효가 되고 만 것입니다.

만약 율법이 죽지 않고 아직까지 살아 있어서 우리가 계속해서 이것도 행하고 저것도 지켜야 한다면, 예수님께서 마태복음 11장 28~30절에서 이르신 바 "수고하고 무거운 짐진 자들아 다 내게로 오라. 내가 너희를 쉬게 하리라" 하시고는 이어서 "내 멍에는 쉽고 내 짐은 가벼움이라"고 하신 것이 다 거짓으로 돌아갈 것입니다.

게다가 예수님으로 인하여 우리의 짐이 가벼워지기는 커녕 도리어 율법의 짐 위에 다시 예수님의 짐까지 얹어 이중의 짐을 져야 하는 결과가 되므로 우리 짐을 가볍게 하러 오신 예수님의 목적에 위배되는 것입니다.

이로써 지금까지 십일조 이론의 근거가 되어온 위의 두 구절 중 그 하나는 원인 무효로 소멸되었는가 하면 나머지 하나는 시효가 만료된 상태임을 알게 되었습니다.

따라서 이때까지 많은 목사들이 십일조를 종용해 왔지만 실은 그것이 다 근거가 소멸된 이론 위에 서 있었다는 사실을 알 수 있게 되었습니다.

　우리들은 누가복음 11장 42절에서 한 가지 간과할 수 없는 것이 있습니다. 그것은 다름이 아니라 예수님께서 바리새인들이 수입의 중요한 몫은 삭제해버리고 하찮은 박하나 운향이나 채소 따위의 십일조나 가지고 오는 그 염치없는 태도를 보시고도, 책망하시거나 당장 완전한 십일조를 가져오라 하시거나 또는 수입의 중요한 몫의 십일조부터 가져오라 하지 않으시고, 다만 "화 있을진저"라고 하시면서 오히려 "저것(박하 따위의 십일조만을 가져오는 일)도 버리지 아니하여야 할지니라"고 하심으로써 그 허울만의 십일조를 두둔하는 태도를 취하신 점에 관한 것입니다.
　왜 우리가 이 문제를 중시하지 않을 수 없느냐 하면 이는 전날 예수님께서 성전에서 매매하는 자들을 보시자 즉석에서 소탕하신 일이라든가마11:15~17 또는 안식일인데도 병자를 보시자 다음날로 미루지 않으시고 그 자리에서 고쳐주시곤 하던마12:9~13 그 즉각적인 태도와 비교할 때, 그 양자 사이에는 너무나 큰 차이가 있기 때문입니다.
　이러한 차이에 대해서 예수님께서는 그 이유를 밝히지 않으셨으나 예수님께서 친히 예로 드신 가라지의 비유마 13:24~30에서 그 실마리를 얻을 수 있습니다.
　그 가라지의 운명은 추수 때 거두어 불사르게 되어 있으므로 미리 뽑을 필요가 없었듯이, 십일조 제도의 운명도 기껏해야 자기의 십자가의 수난의 때까지로 결정되어 있으므로, 이와 같이 머지않아 폐지키로 되어 있는 제도에 대하여 새삼스레 책망이니 시정이니 하는 간섭의 필요를 느끼지 않으셨기 때문일 것입니다.

앞에서 상고한 바와 같이 베드로가 사도행전 15장 10절에서 율법을 지키게 해야 한다고 주장하는 자들에 대하여 반론을 전개하는 가운데서 이르기를, "그런데 지금 너희가 어찌하여 하나님을 시험하여 우리 조상과 우리도 능히 메지 못하던 멍에를 제자들의 목에 두려느냐"고 함으로써, 제자들의 목에 멍에를 두려는 것은 하나님을 시험하는 일이라고 지칭하였습니다.

그러면 여기서 말한 "하나님을 시험하여"란 무엇을 뜻하는지 살펴 보겠습니다.

그 뜻은 다음과 같습니다. 즉 "하나님을 시험하여"라고 한 부분이, 우리가 보통 쓰는 영문성경(Revised Standard Version)에는 "make trial of God"으로 나와 있어 "하나님을 시험하다" 또는 "하나님께 시련을 가하다" 등의 의미가 되므로 조금 모호한 점이 있습니다.

그러나 옥스포드·캠브리지 대학 공동번역판(1961)에서는 이 부분이 "하나님을 노엽게(노하게)한다"(provoke God)는 의미가 되어 그 뜻이 한결 뚜렷해집니다.

이점을 참고하여 베드로가 한 말을 다시 옮겨보면, "그런데 지금 너희가 어찌하여 우리 조상과 우리도 능히 메지(감당하지) 못하던 멍에를 제자들의 목에 둠으로써 하나님을 노하시게 하려느냐"는 말이 됩니다.

그러므로 이와 같은 베드로의 증언은 사도들의 조상과 사도들 자신도 능히 실행하지 못했던 그 십일조에 관한 율법 등을 지금의 신자들에게 실행하라고 종용한다는 것은, 하나님을 기쁘시게 하는 것이 아니라 도리어 하나님을 노하시게 하는 것이란 사실을 분명히 알 수 있게 해 주는 것입니다.

4장
아브라함과 십일조

  많은 목사들이 십일조의 근원을 아브라함과 야곱에게서 찾음으로써 은연중에 십일조 규정은 지금도 여전히 살아 있는 것처럼 주장하고 있습니다.

  그러므로 우리는 다음장까지 아브라함과 야곱의 행적을 살펴봄으로써, 정말 그들이 하나님께 십일조를 바쳤는지 또한 바쳤다면 그것이 오늘날 목사들이 말하는 그러한 십일조인지를 상고해 보겠습니다.

  많은 목사들은 창세기 14장 20절에서 아브라함이(그때까지는 아브라함이 아니라 아브람이지만, 편의상 아브라함이라 부르기로 함) 전리품의 십분의 일을 멜기세덱에게 준 사건을 하나님께 십일조를 바친 첫 본보기로 미화시켜 오늘날의 사람들도 본받아야 할 규법으로 가르치고 있습니다.

"아브라함이 그돌라오멜과 그와 함께 한 왕을 파하고 돌아올 때에 소돔왕이 사웨 골짜기 곧 왕곡에 나와 그를 영접하였고 살렘왕 멜기세덱이 떡과 포도주를 가지고 나왔으니 그는 지극히 높으신 하나님의 제사장이었더라. 그가 아브라함에게 축복하여 가로되 천지의 주재시요 지극히 높으신 하나님이여, 아브라함에게 복을 주옵소서, 너의 대적을 네 손에 붙이신 지극히 높으신 하나님을 찬송할지로다 하매 아브라함이 그 얻은 것에서 십분 일을 멜기세덱에게 주었더라" 창 14:17~20.

이 기사에서 우리는 개선하여 돌아오는 아브라함을 위하여 떡과 포도주를 가지고 나와서 "하나님이여 아브라함에게 복을 주옵소서"며 축복해 준 하나님의 제사장이자 살렘왕이기도 한 멜기세덱에게 그 얻은 전리품의 십분의 일을 주었다는 사실을 알게 됩니다.

대체 이것이 무슨 특별한 의미가 있다는 말입니까? 사람이란 고마울 때 당연히 감사하고 기쁜 일이 있을 때 잔치하고 횡재했을 때 한턱 내는 것은 당연한 일이 아닐까요? 그것이 바로 인생이요 세상살이가 아닐까요?

새 대통령이 취임식을 하면 죄수들의 죄를 감형해 주는가 하면 임금이 황태자를 낳아도 특사가 있는 법이 아닙니까?

그뿐입니까? 사람이 애기를 낳아도 백일이 되면 산후의 그 어려운 고비를 무사히 넘겼다는 의미에서 이웃과 벗들을 청하여 백일 잔치를 하는가 하면 또한 돌이 되어도 역시 돌잔치를 합니다.

그런데 전쟁에 이겨서 의기 양양하게 돌아오는 이를 그냥 환영하고 반겨 주어도 냉랭히 지나칠 수 없을텐데, 하물며 자기를 위하여 떡과 포도주를 가지고 나와서 "아브라함에게 복을 주옵소서"라고 축복까지 해주는 이에게 전리품의 1할을 희사한 것을 어찌 상도를 벗어난 특수한 일처럼 취급할 수 있느냐 하는 것입니다.

가령 이것을 역으로 생각해 볼 때 개선하여 돌아오는 그를 보고 떡과 포도주를 준비해 와서 환영하고 반기면서 축복까지 해주는 이에게 아무런 사례나 감사의 표시도 없이 그대로 지나쳐 버린다면, 오히려 이것이야말로 사람의 도리라 할 수 없을 것입니다.

이는 결코 우리만의 견해가 아니라 주님의 견해 역시 이와 같음을 탕자의 비유에서도 찾아볼 수 있습니다.

누가복음 15장에서 탕자가 돌아왔을 때 이르기를 "그리고 살찐 송아지를 끌어다가 잡으라. 우리가 먹고 즐기자. 이 내 아들은 죽었다가 다시 살아났으며 내가 잃었다가 다시 얻었노라 하니 저희가 즐거워하도다"눅 15:23,24 하였는데, 정말 친자식처럼 여겨온 조카 롯과 그의 재물들을 적군의 손에서 도로 찾아 온 아브라함이창 14:11,12, 14~16 "이 내 조카는 죽었다가 다시 살아났으며 잃었다가 다시 얻었노라" 하면서 살찐 송아지를 잡아 잔치를 하는 대신, 그를 반겨주고 축복까지 해주는 이에게 전리품의 십분의 일을 선사한 일이야말로 위의 예와 다를 바가 없는 것입니다.

이로써 우리는 아브라함이 적군에게 사로잡히고 노략질당한 조카 롯과 그 재물들을 도로 찾아왔을 때 십의 일을 드린 행위는, 탕자의 비유에서처럼 그 아버지가 아들의 건강한 몸을 다시 맞아들이게 됨을 인하여 살찐 송아지를 잡은 행위눅 15:27와 다를 바 없는 것으로써 결코 율법에 나오는 십일조의 행위가 아님이 분명합니다.

아브라함이 기근으로 인하여 가나안을 벗어나 애급에 들어갔을 때 그 아내(사래)의 아름다운 미모로 인하여 애급왕 바로가 그들을 자신의 궁으로 불러들여 후하게 대접함으로써, 영락없이 바로에게 자신의 아내를 잃을 뻔한 적이 있었습니다.

그러나 아브라함은 하나님의 특별한 도우심으로 말미암아 아내를 온전하게 되찾았을 뿐만 아니라 많은 재물까지도 얻게 되었습니다 창 12:10~13:2.

정말 조카 롯과 재물을 도로 찾았을 때 감사해서 십일조를 내었다면, 무엇보다 소중한 아내를 다시 찾게 되고 게다가 많은 재물까지 얻게 되었을 때 그 감사한 심정이야말로 십일조 정도가 아니라 '십오조'나 '십팔조' 아니 아내를 제외하고 그 얻은 것 모두를 바쳐도 아깝지가 않았을 것입니다.

그러나 그 경우에도 아브라함은 십일조에 해당하는 어떠한 물질도 하나님께 바친 일이 없습니다.

또한 그후 아브라함이 그랄 땅에 들어갔을 때 역시 그 아내 사라의 미모로 인하여, 이번에는 그랄 왕 아비멜렉의 궁으로 불러들임을 당하였습니다. 아브라함은 아내를 아비멜렉에게 영영 빼앗길 뻔하였지만 이번에도 하나님의 보호하심으로 무사히 돌아왔을 뿐 아니라 많은 재물까지 얻었으니, 하나님께 대한 감사의 정을 말하자면 앞서 조카 롯과 재물을 도로 찾았을 때와는 가히 비교도 할 수 없을 정도였을 것입니다.

그러나 여기서도 그 감사의 표시를 십일조라는 물질로 드렸다는 기록은 찾아볼 수 없습니다 창 20:1~18.

이상은 앞서 말한 바와 같이 흔히 많은 목사들이 아브라함이 멜기세덱에게 십분의 일을 준 것을 가지고 마치 그가 늘 십일조 생활을 해온 것처럼 가르치기 때문에 그가 겪은 사건 중 서로 비슷한 것을 골라서 상고해 본 것입니다.

이제 그 외의 경우들을 살펴보겠습니다.

창세기 12장 7,8절에서 "여호와께서 아브라함에게 나타나 가라사 대 내가 이 땅을 네 자손에게 주리라 하신지라 그가 자기에게 나타나신 여호와를 위하여 그곳에 단을 쌓고 거기서 벧엘 동편 산으로 옮겨 장막을 치니 서는 벧엘이요 동은 아이라. 그가 그곳에서 여호와를 위하여 단을 쌓고 여호와의 이름을 부르더니"라고 함으로써, 가는 곳마다 여호와를 위하여 단을 쌓고 여호와의 이름을 부르면서 경배드린 기사가 나타납니다.

그러나 그 어디서도 여호와를 위하여 십일조는 물론 어떤 형태의 물질도 바쳤다는 기사는 찾아 볼 수 없습니다.

또한 창세기 13장 1~4절에서 이르기를 그가 애굽왕 바로로부터 받은 많은 육축과 은금을 가지고 애굽을 나와 벧엘과 아이 사이, 전에 처음으로 단을 쌓은 곳창 12:8에 이르러 "여호와의 이름을 불렀더라"고 함으로써, 여호와를 위하여 전에 자기가 쌓은 단 앞에 와서 그의 이름을 부르면서 경배한 사실은 나와 있지만 여기서도 역시 물질을 드렸다는 기록은 없습니다.

창세기 13장 18절에서도 이르기를 "이에 아브라함이 장막을 옮겨 헤브론에 있는 마므레 상수리 수풀에 이르러 거하며 거기서 여호와를 위하여 단을 쌓았더라"고 함으로써, 아브라함은 그가 거하는 곳마다 단을 쌓아 여호와를 경배한 사실이 나타나 있지만 여기서도 십일조나 물질을 바쳤다는 기록은 찾아 볼 수 없습니다.

창세기 21장 8절에서는 이르기를 "아이가 자라매 젖을 떼고 이삭의 젖을 떼는 날에 아브라함이 대연을 배설하였더라"고 함으로써, 아브라함과 그 아내 사라가 노쇠하여 생산기능을 잃었음에도창 18:11~14 하나님의 특별한 은혜와 능력으로 낳게 된 독자가 자라 마침내 젖을 떼는 날 기뻐서 잔치를 벌였다고 하였지만, 이런 경사를 놓고도 십일조는 물론 어떤 명목으로도 물질로써 하나님께 감사나 경배를 표했다는 말만은 도무지 찾아 볼 수 없습니다.

이로써 우리는 아브라함이 멜기세덱에게 전리품의 십분의 일을 주었으되, 목사들이 말하는 그런 의미의 십일조가 아님은 물론 목사들의 주장이 성경의 사실과 크게 다르다는 것을 알게 되었습니다.

그러면 아브라함은 대체 어떤 인물이길래 그토록 하나님께 감사할 줄도 모르는 인색한 자인가 하는 것에 관하여도 알아보아야 하겠습니다.

아브라함의 성품은 "여호와께서 아브라함에게 이르시되 너는 너의 본토 친척 아비 집을 떠나 내가 너에게 지시할 땅으로 가라"창 12:1 하는 하나님의 지시를 받자, 가라는 곳이 어디인지, 그곳이 어떠한 곳인지, 또는 "거기 가서 무엇을 하리이까" 하는 것 등에 대하여 한마디 질문도 없이 그저 말씀대로만 순종한 데서 잘 드러납니다.

이 사실은 "이에 아브라함이 여호와의 말씀을 좇아 갔고"창 12:4라 한 말씀에서 잘 알 수 있습니다.

창세기 17장 9~11절에서는 "하나님이 또 아브라함에게 이르시되 그런즉 너는 내 언약을 지키고 네 후손도 대대로 지키라. 너희 중 남자는 다 할례를 받아라. 이것이 나와 너희와 너희 후손 사이에 지킬 내 언약이니라. 너희는 양피를 베어라. 이것이 나와 너희 사이의 언약의 표징이니라"고 하였습니다.

이때도 아브라함은 "왜 언약의 표징을 잘 보이는 곳에 하지 아니하고 하필이면 볼래야 볼 수 없는 곳에 하라 하시나이까" 혹은 양피를 벤다는 게 그리 쉬운 일이 아님에도 불구하고 "그럼 무엇으로 어떻게 베어야 하나이까" 하는 질문도 일절 하지 않은 채 즉석에서 이를 실행에 옮겼습니다.

창세기 17장 23~25절에서는 "이에 아브라함이 하나님이 자기에게 말씀하신 대로 이날에 그 아들 이스마엘과 집에서 생장한 모든 자와 돈으로 산 모든 남자를 데려다가 그 양피를 베었으니 아브라함이 그의 양피를 벤 때는 99세이었고 그 아들 이스마엘이 그 양피를 벤 때는 십삼 세이었더라"고 함으로써, 하나님의 말씀이 떨어지자 잠시도 지체하거나 망설임 없이 말씀하신 대로 99세나 된 자신을 비롯하여 자기 집의 모든 남자들(창 14:14에서 그의 수하에 318명의 장정들이 있었으니 여기서는 그보다 훨씬 많은 수효로 생각됨)의 양피를 당일에 다 베었다고 하였으니, 세상에 이렇게 우직스러울 정도로 순종밖에 모르는 사람은 다시 없을 것입니다.

뿐만 아니라 그의 아들 이삭의 출산에 관하여도 성경은 이르기를 "그 아들 이삭이 난지 팔일만에 그가 하나님의 명대로 할례를 행하였더라"창 21:4고 함으로써, 창세기 17장 12절에서 "난지 팔일만에 할례를 받을 것이니라"고 하신 명령을 어김없이 순종한 사실을 묘사하고 있습니다.

그뿐이 아닙니다. 하나님의 명령에 따라 아브라함이 그의 나이 백살에 낳은 독자 이삭을 번제로 드리려던 유명한 사건이 있는데 그 장면을 한번 생각해봅시다.

"그 일 후에 하나님이 아브라함을 시험하시려고 그를 부르시되 아브라함아 하시니 그가 가로되 내가 여기 있나이다. 여호와께서 가라사대 네 아들 네 사랑하는 독자 이삭을 데리고 모리아 땅으로 가서 내가 네게 지시하는 한 산 거기서 그를 번제로 드리라. 아브라함이 아침에 일찍이 일어나 나귀에 안장을 지우고 두 사환과 그 아들 이삭을 데리고 번제에 쓸 나무를 쪼개어 가지고 떠나 하나님의 자기에게 지시하시는 곳으로 가더니" 창 22:1~3

아브라함은 밤중에 하나님으로부터 이와 같은 명을 받고, 아침에 일찍이 일어나 서둘러 모든 준비를 하고 하나님이 지시하시는 곳으로 갔습니다. 지시대로 이삭을 번제로 드리고자 그를 치려고 하는 순간 여호와의 사자가 나타나 이를 멈추게 하고, 대신 그 옆에 하나님께서 준비해 두신 수양으로 제물을 삼게 됩니다. 이에 관하여 성경은 이렇게 말하고 있습니다.

"네가 네 아들 네 독자라도 내게 아끼지 아니하였으니 내가 이제야 네가 하나님을 경외하는 줄을 아노라" 창 22:12고 하였습니다.

또한 "또 네 씨로 말미암아 천하 만민이 복을 얻으리니 이는 네가 나의 말을 준행하였음이니라" 창 22:18고 함으로써, 여호와로부터 진정 자기를 경외하는 자 또는 자기 말을 준행하는 자라는 판정을 받은 사실이 나타나 있습니다.

이를 테면, 가는 곳마다 단을 쌓아 여호와의 이름을 부르면서 그를 경외하였고 하나님이 가라 하시면 어디든 꼬박꼬박 가고, 양피를 베라 하시면 99세의 노령인 자신의 것을 비롯하여창 18:11,12 휘하의 그 많은 남종들의 양피를 당일에 다 베었던 것입니다.

심지어 백 살에 얻은 독자라도 바치라 하시면 아끼지 아니하고 바침으로써 여호와로부터 진정 자기를 경외하고 자기 말을 준행하는 자로 판정을 받았습니다. 그럼에도 불구하고 그는 하나님께 십일조는 커녕 어떠한 형태의 물질도 바쳤다는 기사는 도무지 찾아 볼 수 없습니다.

더욱이 그는 자기를 위하여 하나님께 복을 빌어 준 멜기세덱에게는 탈환해 온 전리품의 십분의 일을 선뜻 떼어 줌으로써 사나이다운 아량을 발휘했지만, 복의 주인되시고 스스로 복을 주시는 하나님께는 십일조는 커녕 어떠한 물질도 바친 일이 없으니, 이게 대체 어찌된 노릇입니까?

그러나 그 이유는 지극히 간단한 것입니다. 그것은 하나님께서는 십일조는 물론이요 어떠한 물질도 원하지 않으신 까닭이며, 원하지 않으신 관계로 하나님은 그런 것을 그에게 요구하신 적이 없는 까닭입니다.

만약 그런 것을 그에게 요구하셨더라면, 독자까지도 아끼지 아니하고 바치던 그 충직하고 순종적인 그가 그 요구하신 것을 준행하지 않았을 리가 있었겠습니까?

창세기 18장 17~19절에서 이르기를 "여호와께서 가라사대 나의 하려는 것을 아브라함에게 숨기겠느냐. 아브라함은 강대한 나라가 되고 천하만민은 그를 인하여 복을 받게 될 것이 아니냐. 내가 그를 그 자식에게 명하여 여호와의 도를 지켜 의와 공도를 행하게 하려고 그를 택하였나니"라고 했습니다.

여호와께서는 자신이 하시려는 것을 아브라함에게는 숨기지 않으셨으며, 그 후손들에게 '여호와의 도' 곧 여호와를 섬기는 도를 행하도록 명하게 하기 위해서 그를 택하셨다는 의중을 밝히고 계십니다.

그런데 만약 십일조를 바치는 일이 여호와를 섬기는 도에 속하는 것이었더라면, 여호와께서는 이를 행하라고 명하지 않으셨을 리 없을 터인데 이를 명하셨다거나 아브라함이 이를 행하였다는 기록은 도무지 찾아볼 수 없습니다.

이로써 우리는 하나님께서는 십일조를 원하지 아니하였음은 물론, 그것은 여호와를 섬기는 '도' 혹은 '의'가 아니란 사실을 확실히 알게 되었습니다.

따라서 지금까지 목사들이 아브라함을 십일조 생활의 모범으로 삼아온 것이 얼마나 허구에 찬 것이었는가를 이제 확실히 알 수 있게 되었을 것입니다.

혹 독자들 중에는 하나님께서는 십일조나 그와 같은 물질을 원하지 않으셨다는 말에 의아심을 갖는 분들도 있을 것이므로 그분들을 위해 한마디 하자면 이렇습니다.

이는 마치 아기가 있을 때 기저귀가 필요하지, 아기가 없으면 그 필요성이 없어지는 것과 같다는 것입니다.

하나님께서는 율법을 통하여 제사 제도를 공포하신 후부터 이를 관장하는 레위족을 위해 물질이 필요하여 그것을 원하셨지, 그 제도가 생기기 전이나 또는 그 제도가 바뀐 후로는 전혀 그 필요성이 없어지게 되었다는 사실입니다.

하나님께서는 영이시므로 자기 자신을 위하여는 물질이 필요없는 분입니다. 따라서 아브라함 때까지는 제사 제도를 위시한 율법의 공포가 없었으며 보수를 주어야 할 레위인의 존재도 없었으므로 자연히 물질의 필요성이 없었던 것입니다.

요한복음 4장 23절에 보면 예수님께서 사마리아 여인에게 이르시기를 "아버지께 참으로 예배하는 자들은 신령과 진정으로 예배할 때가 오나니 곧 이때라. 아버지께서는 이렇게 자기에게 예배하는 자들을 찾으시느니라. 하나님은 영이시니 예배하는 자가 신령과 진정으로 예배할지니라"고 하셨습니다.

그런데 적지 않은 목사들이 이 구절을 너무 안이하게 해석하려는 경향이 있어 이 말씀에 대해 생각해 보고자 합니다.

이 구절 중 "참으로 예배하는 자들" true worshipers은 참된 예배자들 또는 진정한 예배자들이며 "신령과 진정으로" in spirit and truth는 정신적이고도 진실되게 또는 영적이고도 진실되게의 뜻으로 기록하고 있습니다.

그러므로 이러한 뜻을 염두에 두고 그 숨은 의미를 음미해 본다면 대충 이런 말이 되는 것입니다.

"아버지께 대한 참된 예배자들은 소나 양이나 또는 십일조 등의 물질로써가 아니라, 정신적이고도 진실되게 예배할 때가 오나니 곧 이때라. 아버지께서는 이런 예배자들을 찾으시느니라. 하나님은 영이시니 예배하는 자가 물질로써가 아니라 영적이고도 진실되게 예배할지니라."

이제 예수님으로 말미암아 제사 제도를 관장하는 자들을 위한 보수로서의 십일조와 물질로 드리던 예배의 시대는 지나간 것입니다. 이제부터는 그런 물질로써가 아니라 정신적이고 영적인 예배를 드릴 때가 온다는 것이며 이제야 그런 때가 왔다고 하는 말씀입니다.

그러므로 이와 같은 예수님의 말씀에서 우양牛羊에 의한 제사 제도와 더불어 이를 관장하는 자들을 위한 십일조의 시대는 이미 지나갔다는 사실을 다시 한번 확인할 수 있습니다.

히브리서 7장 12절에 이르기를 "제사 직분이 변역한즉 율법도 반드시 변역하리니"라 하였는데, 이것이 새번역에서는 한층 알기 쉽게 번역되어 "제사 제도가 변하면 율법도 반드시 변경되어야 합니다"로 나와 있습니다.

우양을 제물로 삼은 제사 제도와 레위족에 의한 제사장 제도는 예수님께서 몸소 제사장이 되시어 자신의 몸을 하나님께서 받으시기에 합당한 거룩한 제물로 드린 이상 이에 부수되는 율법 이를 테면, 십일조에 관한 율법 등도 반드시 변경되어야 한다는 말씀이라고 생각됩니다.

뿐만 아니라 갈라디아서 2장 18절에서는 "만일 내가 헐었던 것을 다시 세우면 내가 나를 범법한 자로 만드는 것이라"고 하였습니다.

이 후번절 부분은 새번역 성경에서는 "나는 나 자신을 범죄자로 만드는 것입니다"로 되어 있습니다.

이것은 무슨 말씀입니까? 예수님으로 말미암아 율법이 헐리웠고 그것을 사도들이 재확인하였는데, "이렇게 헐어버린 율법을 내가 만일 다시 세우는 일을 한다면 이는 곧 내가 나 자신을 범죄자로 만드는 것"이라는 말입니다.

5장
야곱과 십일조

앞 부분에서는 아브라함의 생애를 살펴봄으로써 그의 생활과 십일조 사이에는 아무 관계가 없었던 사실을 알게 되었습니다. 이제부터는 야곱의 생애를 통하여 야곱과 십일조의 관계를 알아보기로 합시다.

야곱의 기사는 창세기 25장에서 50장까지 기록되어 있습니다. 야곱은 아들 요셉이 총리가 되어 있는 애굽으로 가서 바로 왕에게 자신을 소개할 때, "내 나그네 길의 세월이 일백 삼십년이니이다. 나의 연세가 얼마 못되니 우리 조상의 나그네 길의 세월에 미치지 못하나 험악한 세월을 보내었나이다" 창 47:9라고 실토한 바와 같이, 그의 생애는 많은 우여곡절을 겪었지만 여기서는 십일조와 관련된 부분만을 상고키로 하겠습니다.

우선 형 에서와의 관계는 창세기 25장 29~34절의 팥죽 이야기에서부터 시작됩니다. 이곳에 나타난 야곱의 성품은 너무나 이기적이어서 지탄을 받아 마땅한 일이지만, 그는 이미 그때부터 복은 하나님으로부터 온다는 사실과 더불어 모든 참된 성공의 바탕은 하나님의 축복에 근거해야만 된다는 믿음을 가졌던 점은 높이 평가할 만합니다.

그래서 항상 형 에서가 가진 그 장자의 명분 곧 그 가문의 상속권을 포함하여 장자만이 가질 수 있는 특권을 부러워하고 동경해 왔습니다.

이에 비하여 에서는 야곱보다 신사적이었지만 하나님으로부터 받은 천부의 특권인 장자의 명분에 대한 감사의 정이나 소중함을 그다지 느끼지 못하고 지내왔습니다.

창세기 25장 34절에서 "에서가 장자의 명분을 경홀히 여김이었더라"고 한 말씀이 그것입니다.

마태복음 11장 12절에서 "세례요한의 때부터 지금까지 천국은 침노를 당하나니 침노하는 자는 빼앗느니라"고 하였습니다.

비록 야곱의 때가 세례요한의 때는 아니었다 할지라도, 천국이나 천국과 관련된 일에 한해서만은 침노하는 일도 경우에 따라서 용납된다는 사실이 밝혀져 있으므로, 침노에 가까운 행위를 한 야곱을 지탄하기보다는 하나님으로부터 받은 그 천부의 특권을 소중히 여겨 잘 간수할 줄 모르고 팥죽 한 그릇에 넘겨주고만 에서의 우둔함을 탓하지 않을 수 없습니다.

여기서 우리가 배울 것이 있다면, 하나님을 내 아버지로 부를 수 있는 이 특권과 각자가 갖고 있는 그 보배로운 믿음을 팥죽 한 그릇과도 같은 하찮은 세상사로 인하여 잃어버리게 되는 일만은 결코 있어서는 안되겠다는 교훈일 것입니다.

이런 일이 있은 후 이삭은 죽기 전에 장자인 에서를 축복해 주려고 들로 가서 사냥하여 별미를 만들어 올 것을 에서에게 명령합니다.

그런데 이 말을 들은 어머니 리브가는 이 사실을 야곱에게 알리면서 집에서 기르는 염소 떼에서 좋은 새끼를 한 마리 가져오면 자기가 별미를 만들어 줄테니, 그것으로 아버지에게 가져가 에서보다 먼저 아버지의 축복을 받도록 야곱에게 권유합니다.

그러나 야곱은 그러다가 만일 자기가 에서가 아니라는 사실이 밝혀지면 "복은 고사하고 저주를 받을까 하나이다"고 하면서 응하기를 주저하는데, 어머니가 이르기를 "내 아들아 너의 저주는 내게로 돌리리니 내 말만 좇고 가서 가져오라" 창 27:13고 시킵니다. 그래서 결국 에서의 복을 가로채게 됩니다.

여기서 우리가 잠시 생각해 보아야 할 것은, 사실 야곱의 행위는 야곱 스스로의 말과 같이 "복은 고사하고 저주를 받기"에 알맞는 것이었지만 그래도 그것이 죄로 인정되지 않은 이유에 관한 것입니다. 이는 곧 아버지와 야곱 사이에 어머니라는 중보자가 있었기 때문인데, 오늘날 우리 기독교의 교리로 말하자면 하나님과 우리 사이에 예수님이라는 중보자가 계심으로써 우리가 다 죄 없는 자같이 되는 원리를 미리 보여주신 것이라 하겠습니다.

또 이삭이 에서를 확인하는 데 있어, 그가 입고 있는 옷의 냄새를 맡아 보는 것과 그 사람 자체 곧 그의 몸의 냄새를 맡아 보는 것 두 가지 중에서 이삭이 택한 방법은 무엇이었는지를 살펴보는 것도 중요합니다.

우리가 생각할 때는 그 몸의 냄새 곧 그 체취를 맡아보는 편이 정확하고 합리적인 방법인데도 그는 그것을 택하지 않고, 그가 입고 있는 옷의 향취를 맡아 본 후 에서라고 확신하였습니다창 27:27.

이 역시 우리 기독교의 중요한 교리의 하나로서, 후일 하나님께서 우리를 심판하실 때의 기준도 역시 우리의 행위 하나하나가 선이냐 악이냐 하는 데 있는 것이 아니라, 우리가 예수님의 피 뿌림 또는 예수님의 피로 씻은 옷벧전 1:2; 계 7:14을 입고 있느냐 아니냐에 달렸음을 보여주는 것입니다.

이는 출애굽기 12장 7,13절에서 죽음의 재앙을 피하는 방법이 그의 행위에 달려 있지 아니하고, 그가 들어 있는 집 문설주와 인방에 어린 양의 피가 발라져 있느냐 아니냐에 달려 있었던 사실과 같은 것입니다.

더불어 우리 기독교 원리의 양대 산맥이라 할 수 있는 의인義人;Justification, 곧 죄인이면서도 죄 없는 자와 같이 의인으로 인정함을 받는 일과, 대속代贖;Atonement 곧 우리 죄를 예수님께서 대신 져 주신 까닭에 우리 죄가 속죄된다고 하는 교리를 미리부터 상징적으로 보여준 지극히 중요한 사건이라 하겠습니다.

이상은 우리가 논의하고 있는 십일조와는 관계가 없는 것들이지만 워낙 중요한 내용을 지닌 사건들이기에 잠시 살펴본 것이고 다시 본론으로 들어가겠습니다.

이렇게 하여 형에게 돌아갈 축복을 가로챈 요셉은 형의 분노를 사서 마침내 집을 떠나지 않을 수 없게 되었습니다.

외삼촌 라반이 거주하는 밧단아람이란 곳을 향하여 기약없는 피신의 길을 떠나게 되어 루스라는 곳에 이르렀을 때 날이 저물어 돌을 베개 삼아 잠이 들었습니다.

그는 그곳에서 꿈을 꾸게 되는 데 꿈에 본즉 거기에 하늘까지 닿은 사닥다리가 서 있어 하나님의 사자가 오르락 내리락하더니, 그 위에서 여호와께서 이르시기를 "나는 여호와니 너의 조부 아브라함의 하나님이요 이삭의 하나님이라"창 28:13고 하시면서 축복해 주시는 것이었습니다.

그래서 잠이 깨어 그 베었던 돌을 기둥으로 세우고 그 위에 기름을 붓고 그곳 이름을 하나님의 집이란 뜻으로 벧엘이라 명명하면서 "하나님이 나와 함께 계시사 내가 가는 이 길에서 나를 지키시고 먹을 양식과 입을 옷을 주사 나로 평안히 아비 집으로 돌아가게 하시오면 여호와께서 나의 하나님이 되실 것이요, 내가 기둥으로 세운 이 돌이 하나님의 전이 될 것이요, 하나님께서 내게 주신 모든 것에서 십분 일을 내가 반드시 하나님께 드리겠나이다"창 28:20~22고 하나님께 굳게 서원했던 것입니다.

아브라함이 자기의 본 재산이나 수입에는 손도 대지 아니하고 그 일부밖에 되지 않는 전리품의 십분의 일을 멜기세덱에게 준 것을 가지고 마치 아브라함이 하나님께 정상적인 십일조를 바쳐온 양으로 과장하여 유포한 것처럼, 야곱에 관하여도 지금부터 여러분이 상고해 보시면 알게 되겠지만, 그는 이곳에서 십분의 일을 바치겠다고 서원은 하였지만 그 서원을 그가 이행한 적이 도무지 없음에도 불구하고 마치 야곱이 십일조 생활을 해온 양으로 하여 마침내 아브라함과 그를 십일조 실행의 선구자처럼 고양함으로써 신도들의 십일조 이행을 은근히 권유해 온 것이 사실입니다.

이제 그 진상을 알아보면, 위의 사실은 모두 목사들의 바르지 못한 설교와 오도의 결과이지 결코 성경의 기록은 그런 것이 아님을 알게 될 것입니다.

　이렇게 서원(민 30:2; 신 23:21 참조)한 후 일어나 계속 걸어서 마침내 밧단아람에 이르러 외삼촌 라반을 만나게 됩니다.

　거기서 아내를 얻기 위해 14년이란 세월을 외삼촌을 위하여 일하게 되고(그의 큰딸 레아로 인해 7년, 그가 사랑하는 둘째 딸 라헬을 위하여 7년) 외삼촌과의 계약에 의하여 목축을 위해 6년, 도합 20년의 세월이 지났을 때, 꿈에 하나님의 사자가 나타나 "나는 벧엘 하나님이라. 네가 거기서 기둥에 기름을 붓고 거기서 내게 서원하였으니 지금 일어나 이곳을 떠나서 네 출생지로 돌아가라" 창 31:13 하는 지시를 받게 됩니다.

　그러자 그는 그 지시에 따라 처자와 자기 몫의 모든 소유물과 우양의 떼를 이끌고 부친 이삭이 사는 가나안 땅으로 돌아가게 됩니다.

　지난 날 지팡이 하나만을 가지고 요단(압복 나루)을 건넜던 그가 이제 하나님의 은총으로 말미암아 거대한 재산을 이루어 그 나루를 다시 건너게 되는 것입니다.

　여기서 밤중에 천사를 만나 날이 새도록 씨름하여 기어코 축복을 받아내고 이스라엘(창 32:28; 하나님과 겨루어 이겼다)이란 이름을 부여받게 됩니다.

　그리고 에서의 보복도 피하고 무사히 가나안 땅 세겜 성 앞에 이르게 됩니다. 그곳에서 하나님의 은혜에 감사하는 단을 쌓고는 그 이름을 엘엘로헤 이스라엘(이스라엘의 하나님)이라 하였던 것입니다 창 33:18~20.

　그러던 중 하나님으로부터 "일어나 벧엘로 올라가서 네가 형 에서를 피하여 도망해 나올 때 네게 나타났던(창 35:18~22에서 하나님께 서원했던 내용 참조) 하나님께 거기서 단을 쌓으라"창 35:1는 지시를 받게 됩니다.

이와 같은 하나님의 지시를 받자 그는 단을 쌓기에 합당한 몸과 마음의 준비를 위해 온 권속들에게 먼저 몸을 정결케 하고 옷을 갈아 입게 하였습니다창 35:2~4.

그리고 그의 처 라헬이 도적질하여 감추어 오던 그 아비 라반의 금제 신상 드라빔창 31:19을 비롯하여 모든 권속들로부터 값나가는 신상과 귀에 있던 금 고리들을 모아 이를 세겜 근처 상수리 나무 아래 묻어버립니다.

그리고 창세기 28장 18~22절에서 하나님께 서원했던 가나안 땅 루스 곧 벧엘에 도달하여 하나님을 위하여 단을 쌓았습니다창 35:1~7,14,15.

이상은 야곱이 하나님을 만나서 하나님께서 자신에게 여차여차 해주시면 그 보답으로, "내가 기둥으로 세운 이 돌이 하나님의 전이 될 것이요, 하나님께서 내게 주신 모든 것에서 십분의 일을 내가 반드시 하나님께 드리겠나이다"창 28:22고 서원한 때로부터 20년이 지나 다시 그 자리에 돌아온 때까지의 역사를 간략하게 기록한 것입니다.

앞에서 본 바와 같이 하나님께서는 그가 서원한 요구를 다 들어주셨습니다. 그로 하여금 에서의 보복을 피하게 하셨으며 20년 동안 그를 지켜 보호해 주심으로써 열두 아들과 한 딸의 자녀와 거대한 재산을 모아 돌아오게 하셨지만, 그는 "돌 기둥을 세우고 그 위에 전제물을 붓고 또 그 위에 기름을" 부어 하나님께 감사를 표했을 뿐 서원까지 했던 하나님의 전은 세우지 않았습니다.

또한 형 에서를 위하여는 "암염소가 이백이요 숫염소가 이십이요 암양이 이백이요 숫양이 이십이요 젖 나는 낙타 삼십과 그 새끼요 암소가 사십이요 황소가 열이요 암나귀가 이십이요 그 새끼 나귀가 열이라" 창 32:14,15 할 정도로 많은 재물을 주었으면서도, "내게 주신 모든 것에서 십분 일을 내가 반드시 하나님께 드리겠나이다" 창 28:22 고 서원한 그 십일조는 끝내 바친 일이 없습니다.

더욱이 그는 하나님으로부터는 벧엘로 올라가서 거기서 "단을 쌓으라" 창 35:1는 분부밖에는 받은 일이 없음에도 불구하고 그 단을 쌓는데 합당한 몸과 마음 가짐을 위하여 온 권속들로 하여금 몸을 정결케 하고 옷을 갈아 입게 하였으며 그들이 갖고 있던 값나가는 신상들과 귀의 고리들을 내어놓게 하여 그 모두를 미련없이 땅에 묻어버렸습니다.

야곱은 이렇게 하나님을 지성으로 섬겼으면서도 반드시 드리기로 서원한 그 십일조만은 영영 드린 일이 없었습니다. 또한 자기와 그 후손들이 그렇게도 많은 복을 누렸지만 임종시에 그 많은 분부 창 47:29,30; 49:1~33와 유언을 남기면서도 "하나님께 십일조를 드리라"는 분부는 한 적이 없습니다.

그 이유는 지극히 간단한 것입니다. 그는 20년 간 허허벌판에서 오직 하나님만을 의지하여 지내오면서 하나님께서는 무엇을 좋아하시고 무엇을 싫어하시는 지에 대해서 잘 알게 된 까닭입니다.

20년 전 그가 루스(벧엘의 본 이름, 창 28:19)에서 처음으로 하나님을 만났을 때만 하여도, 하나님께서는 '전'과 '재물'을 필요로 하시고 좋아하시는 줄로 알고 자기의 소원을 들어 주시면 그 보답으로 그곳에 그가 필요로 하고 좋아할 하나님의 전을 지어 드리며 모든 소득의 십분의 일을 드리겠다고 굳게 서원했습니다.

그러나 그는 20년 동안 하나님을 의지하면서 생활하는 가운데서, 그것이 다 하나님의 취향을 잘 모르고 하나님께서 필요로 하지도 않으시고 원하지도 않으시는 것을 다만 자신의 생각만으로 잘못 서원하였다는 것을 알게 되었던 것입니다.

이것이 우리의 자의적인 상상이나 추측에서 나온 것이 아니라 엄연한 사실인 까닭은 이렇습니다.

첫째, 하나님께서 만약 당신을 위한 전이나 십일조 등의 물질이 필요하셨거나 또한 물질을 원하셨다면 "벧엘로 올라가서 거기서 단을 쌓으라" 창 35:1고 하실 것이 아니라, "거기서 네가 옛날 내게 서원한 것을 갚으라" 하시든지 또는 "거기서 네가 서원한 대로 전을 짓고 십일조를 바치라" 하든지 하셨을 것입니다.

그런데 그렇게 하지 않으시고 "거기서 단을 쌓으라"고 하심으로써 야곱이 자진하여 하나님을 위하여 전을 짓고 십일조를 드리겠다고 한 그 서원을 오히려 하나님 편에서 물리치시고, 그 대신 단을 쌓을 것을 지시하신 사실 그 자체가 이를 증명하는 것입니다.

둘째, 금으로 된 귀걸이나 신상 등의 금붙이는 어떤 모양으로든지 그 무게에 따라 값이 나갈 뿐더러 금 신상이나 고리도 녹이면 새로운 순금 덩어리가 되는 법인데, 야곱은 이러한 금괴를 하나님께 바치지 아니하고 땅에 묻어버렸습니다 창 35:4.

이러한 사실은, 하나님께서는 십일조는 물론 그를 위한 전이나 세상 물질을 필요로 하시거나 좋아하지 않으신다는 것을 증명한 것이라고 할 수 있습니다.

다시 말하자면 야곱이 20년 전 에서를 피하여 도망하던 노상에서 하나님을 만났을 때만 해도, 하나님께서 가장 필요로 하시고 기뻐하시는 것은 전과 십일조라고 생각하여 서원까지 하게 되었지만 창

28:22, 그로부터 20년이 지난 후 하나님의 본성은 그것이 아님을 알게 되었던 것입니다.

여기서 우리는 마치 로마서 10장 2,3절에서 "내가 증거하노니 저희가 하나님께 열심이 있으나 지식을 좇은 것이 아니라 하나님의 의를 모르고 자기의 의를 세우려고 힘써 하나님의 의를 복종치 아니하였느니라"고 한 것과 같이, 그때 자기가 서원한 내용은 하나님과는 아무런 관계 없이 순전히 자기의 일방적인 생각으로 하나님의 뜻과는 빗나간 서원을 한 것이란 사실을 알 수 있습니다.

이것 또한 우리의 단순한 상상이나 추측이 아니라 틀림없는 사실인 까닭은 이렇습니다.

만약 하나님께서 전이나 십일조를 반겨하셨음에도 불구하고 야곱이 단만 쌓고 자신이 전에 서원한 것을 묵살해버렸다면, 하나님께 대한 서원을 일방적으로 파기한 것이 되어 벌받아 죽은 자의 대명사로 그 이름이 남게 되었을 것이기 때문입니다신 23:21.

많은 목사들이 십일조를 봉납해 온 모범으로 아브라함과 야곱을 들고 있지만 실은 아브라함은 전리품의 십분의 일을 멜기세덱에게 준 일이 있을 뿐, 모든 소유의 십분의 일이나 정상적인 수입의 십분의 일은 어느 누구에게도 바친 일이 없고 십일조에 관하여는 서원하거나 실행한 일이 없는 사람입니다.

한편 야곱은 하나님을 위하여 전도 짓고 십일조도 드리겠다고 서원은 하였지만, 막상 그 서원을 갚아야 할 즈음에는 하나님의 분명한 분부에 따라 단을 쌓았을 뿐 십일조를 드려본 일이라고는 도무지 없는 사람입니다.

이로써 우리는 그간 많은 목사들이 십일조 제도의 합리화를 위한 자료로써 아브라함과 야곱을 들어 온 것이 진실이 아님을 알 수 있게 되었습니다.

　야곱의 이야기는 그가 에서의 축복을 가로채는 데서 시작되므로 우리는 이 기회에 축복을 비는 기도 즉 축도에 관하여 한번 상고해 보고자 합니다.
　축도의 정의를 기독교사전에서 옮겨 보면 "목사가 예배 시간에 회중을 위하여 드리는 축복 기도로서, 보통 고린도후서 13장 13절에 있는 말씀을 외운다. 이 축도 때에 일어서서 고개를 숙이는 것은 옛적부터 내려오는 관습이며 로마교회에서는 축도를 가장 엄숙한 순서로 인정하여 교직은 예복을 입고 이를 선언한다"로 나와 있습니다.
　그러나 고린도후서 13장 13절은 고린도후서의 끝장 끝절 곧 바울이 고린도인에게 보낸 두번째 편지의 끝맺음에 즈음한 수인사문입니다.
　이런 수인사문은 비단 여기 뿐만 아니라 모든 사도들의 서신은 물론, 우리 일반인의 편지에서도 그 서두와 말미에는 상대방의 복과 건강을 비는 내용의 수인사문을 쓰는 것이 서한문 작성의 요령인 동시에 예절입니다.
　또한 매년 맞는 새해의 연하장들은 모두가 다 상대방의 복을 비는 내용의 문구들로 채워져 있는 것이 상례입니다.
　그럼에도 불구하고 유독 이 구절을 외우면서 선언하는 것을 축도라 하였으며 "교직은 예복을 입고 이를 선언한다"고 하였으니, 이야말로 교직이 직접 시복施福행위를 하고 있는 것을 뜻하는 것이 아니고 무엇이며 무당들이 주문으로 귀신을 불러서 귀신으로 하여금 재앙을 물리치고 복을 주게 하는 것과 무엇이 다릅니까?

축도는 축복을 비는 기도라 하였는데, 그렇다면 어찌하여 기도할 수 있는 자와 기도할 수 없는 자의 구별이 있을 수 있으며 기도할 때 입어야 할 예복이 따로 있을 수 있느냐 하는 것입니다.

랍비와 선생은 한분 뿐이며 우리는 모두 형제인 동시에 죄인일 뿐입니다마 23:8. 위엄과 권위와 자만한 태도로 기도한 바리새인보다 "나는 죄인이로소이다"눅 18:13 하면서 겸손한 자세로 기도를 드린 세리의 기도를 주님께서는 더 기뻐하지 않으셨습니까?

뿐만 아니라 앞서 본문에서 알게 된 바와 같이 에서가 방성대곡하면서 자기에게도 그리하여 주십사고 아버지에게 매달려, 그야말로 단장의 애원을 하였지만 축복에는 한도가 있는지라 그리하지 못했습니다창 27:34~38.

이삭도 야곱도 다 평생을 통하여 임종시에 단 한번밖에는 축복을 해 주지 못했고 그토록 사랑이 많으시고 복의 근원이 되신 예수님께서도 손을 들어 사람들에게 축복하시기는 승천하실눅 24:50~53 때 한번뿐이었습니다.

그런데 주일마다 마치 자기 몸에서 복이 흘러 나오는 양, 손을 들어 매양 같은 내용의 강복降福을 끝없이 되풀이 하여 선언하는 일을 대할 때, 어쩐지 지난 날 거짓 선지자들을 판별케 하기 위하여 여호와께서 모세를 통하여 이스라엘 백성에게 일러주신 말씀 곧 "예수께서 이 말을 들으시고 이르시되 네게 아직도 한 가지 부족한 것이 있으니 네게 있는 것을 다 팔아 가난한 자들에게 나눠 주라 그리하면 하늘에서 네게 보화가 있으리라 그리고 와서 나를 따르라 하시니 "신 18:22고 하신 분부가 회상되는 것을 금할 수 없습니다.

지난 날 로마교회가 마리아를 마치 예수님과 우리 사이의 중보자처럼 개입시켜 기독교의 원리를 크게 훼손한 것만 해도 통분스럽거

늘 하물며 그들이 교권 구축을 위하여 고안해 낸 이 요사한 제도를 우리 개신교회가 무분별하게 끌어들인 처사를 뒤늦게마나 통탄하지 않을 수 없는 것입니다.

기독교대사전의 해설이 뜻하는 바와 같이 어떤 특정 직종의 사람이, 어떤 특정 의복을 입고, 어떤 특정 문구를 외우면서 선언하는 것이 축도요, 그렇게 하면 복이 내려온다 하니 어찌 이런 의식을 요사한 제도라 하지 않을 수 있겠습니까?

어느 종교인이 자기와 다른 종교를 평론하는 것은 조심스런 일이 겠지만, 같은 종교 내에서 그 종교의 경전이 엄연히 존재할 경우, 각 개인끼리 또는 각 종파끼리 서로가 그 경전에 비추어 상대방의 믿는 방식이나 교리 등은 얼마든지 평할 수 있다고 생각합니다.

이는 자신과 관계없는 남의 일을 평하는 것이 아니라, 궁극적으로 자신의 종교를 다른 사람이 파괴 또는 왜곡하고 있다는 관점에서 비롯된 것이라고 할 수 있습니다.

지난 날 제사장들과 그 추종자들이 예수님을 잡아 죽이게 한 것이나 사울이 그리스도인들을 결박하여 잡아오려고 다멕섹으로 향한 것과 같이, "열심으로는 교회를 핍박하고" 빌 3:6라고 한 구절들이 이 원리를 잘 나타내 주고 있는 것입니다.

그러므로 동일한 성경을 가지고 있으며 같은 하나님을 믿는 자로서 로마교회의 교리 중 몇 가지 이치에 맞지 않는 제도를 살펴보겠습니다.

첫째, 주님과 우리 사이에 마리아라는 중보자를 개입시킴으로써 주님과 우리 사이를 격리케 한 일입니다.

둘째, 신부에게 사죄권이 있다면서 죄의 고백을 주님에게 하지 못하게 하고 사람인 신부 앞에 하게 함으로써 주님과의 직통을 가로

막고 있는 일입니다(요 14:13,14; 동아출판사 국어사전에서 고해성사 참조).

셋째, 우리 주님의 유언 중의 하나인 성찬을 행함에 있어 참예하는 신도들로 하여금 떡과 포도주에는 손도 대지 못하게 하는 일입니다.

손을 대는 대신 마치 갓난 아기의 입에 암죽을 떠 넣어 주듯 또는 마치 양팔이 없는 불구자의 입에 먹이를 넣어 주듯, 신도들로 하여금 입을 벌려 혀만 내밀게 하고는 신부가 그 혀 위에 얇게 찍어 만든 떡조각을 얹어 줍니다.

그리고 피를 기념하는 포도주는 입 속에 넣어 주기가 어려우니까 통상 생략해버리거나 포도주에 그 떡조각을 적셔서 혀 위에 얹어주는 요사스런 방식이 그것입니다(성찬의 유래인 마 26:26,27; 고전 11:23~26 등과 비교해 볼 것).

넷째, 방금 언급한 축도의 제도입니다.

이 모두가 다 공동의 경전인 성경에 비추어 볼 때 이치에 닿지 않는 제도일 뿐더러, 이는 지난 날 로마교회가 교권 구축을 위하여 고안해 낸 인위적인 의식들입니다. 그 중 이 넷째가 우리 교계에 침투해 온 축도로서 이것이야말로 원천적으로 로마교회의 비리에 속하는 것임에도 불구하고 우리 개신교가 무분별하게 이를 받아들여 시행하는 처사를 한탄하지 않을 수 없습니다.

6장
부자간과 십일조

"가버나움에 이르니 반 세겔 받는 자들이 베드로에게 나아와 이르되 너의 선생은 반 세겔을 내지 아니하느냐 이르되 내신다 하고 집에 들어가니 예수께서 먼저 이르시되 시몬아 네 생각은 어떠하냐 세상 임금들이 누구에게 관세와 국세를 받느냐 자기 아들에게냐 타인에게냐 베드로가 이르되 타인에게니이다 예수께서 이르시되 그렇다면 아들들은 세를 면하리라 그러나 우리가 그들이 실족하지 않게 하기 위하여 네가 바다에 가서 낚시를 던져 먼저 오르는 고기를 가져 입을 열면 돈 한 세겔을 얻을 것이니 가져다가 나와 너를 위하여 주라 하시니라" 마 17:24~27

위의 문장에서 모르는 점은 하나도 없을 것입니다. 다만 좀 의심나는 것이 있다면 '반 세겔 받는 자' 란 대체 무엇하는 자인가 하는 것과, '관세'는 무엇이며, '정세'는 무엇인가 하는 점 정도일 것입니다. 그래서 이 낱말들의 뜻을 잠시 살펴 보면 다음과 같습니다.

이 '반 세겔 받는 자들'을 영어성경에서는 '반 세겔의 세금을 받는 자들'(the collectors of the half-shekel tax)이라 하였는가 하면, 옥스포드·캠브리지대학 공동번역에서는 '성전세를 받는 자들'(the collectors ofthe temple-tax)이라 하였습니다. 종합해 보면 이 말은 "반 세겔의 성전세를 받는 자들"이라는 뜻임을 알게 됩니다.

율법시대 사람들은 지은 죄를 용서받기 위하여 소, 양, 비둘기 등의 제물을 제사장에게 가져가 자기를 위한 제사를 요청했으며, 성전 유지를 위하여 레위 지파를 제외한 20세 이상의 모든 이스라엘 장정(남자)들은 매년 반 세겔의 성전세를 바치게 되어 있었는데, "반 세겔의 성전세를 받는 자들"은 성전세의 징수인을 일컫는 것입니다.

이 제도의 유래와 상세한 것을 알려면 출애굽기 30장 11~16절과 38장 26절을 비롯하여 민수기 1장 1~3절과 45~50절 등을 참조하면 됩니다.

성경전서는 원래 히브리어로 기록된 구약과 헬라에서 애급에 이르는 지중해 연안 문화의 공통어였던 헬라어로 기록된 신약으로 구성되어 있는데, 이것이 중국어인 한문으로 번역되었다가 다시 우리말로 중역된 것이 우리가 현재 사용하고 있는 성경전서의 뿌리입니다.

이제 그 경위를 잠시 소개하겠습니다. 1875년에 만주에서 활동하던 스코틀랜드 연합장로교회 선교사 존 롯스 목사와 존 맥킨타여 목사가 한국 상인과 접촉하며 한국인이 능히 한문으로 된 성경을 읽을 수 있음을 알게 되자, 한국인 중에 문사로 알려진 이응현李應賢

을 청하여 한문성경을 한글로 번역하도록 하였습니다.

그 결과 1882년에는 만주 봉천에서 누가복음이 한글로 완역되어 스코틀랜드 성서공회 경비로 삼천 권을 인쇄하고, 다음 해에는 요한복음이 완역되어 같은 성서공회 경비로 다시 삼천 권이 인쇄되었습니다.

그러나 큰 문제는 이 인쇄된 복음서를 어떻게 한국으로 가져가느냐 하는 것이었는데, 이는 그때 쇄국정책으로 한국에서는 외국서적의 수입을 엄금하고 있었기 때문이었습니다.

그런데 그때 많은 상인들이 만주에 정기적으로 드나들면서 봉천에서 관용지官用紙를 무역하여 인부들의 등짐으로 운반해 가곤 했습니다. 그래서 롯스와 맥킨타이 두 목사는 인쇄된 성경을 제본하지 않고 상인들의 관용지와 함께 싸서 한국으로 들여 보내 비밀리에 제본하여 반포하곤 했습니다.

1883년에는 대영성서공회의 도움으로 위의 누가복음과 요한복음이 개역되고 마태복음과 마가복음 그리고 사도행전이 새로 발간되었는가 하면, 이때 만주에서 살다가 로스 목사의 전도를 받아 신자가 된 서상륜과 다른 두 한인 권서(기독교인들로서 돌아다니며 전도하고 책을 파는 사람)들로 인하여 역시 적잖은 한글성경 단행본과 한문성경이 들어왔습니다.

그 후 1887년에 같은 대영성서공회 만주지부에 의하여 한글판 신약전서가 완역되어 봉천에서 인쇄 발행되었는데, 이것이 개역되어 오늘날 우리가 보는 성경으로 정착되었습니다.

한편 일본에서도 1884년 요꼬하마에 주재해 있던 미국 선교사 누미스 목사가 그곳에 유하던 이수정을 청하여 마가복음을 한글로 번역한 바 있으나, 위와 같이 이미 중국을 통하여 한글 개역성경이 널리 보급된 후였으므로, 한글성경에 별 영향을 끼치지 못했습니다 (이상은 기독교대사전의 대한성서공회 항목 참조).

이렇게 한글 개역성경의 내력을 자세하게 쓴 것은, 물론 그것 자체도 중요한 하나의 역사이기 때문에 우리 모두가 한번쯤은 꼭 새겨 볼 만한 일이기도 하지만, 한편으로는 오늘날 우리가 읽고 있는 이 성경이 이중 번역인 동시에 지금으로부터 100여년 전의 일이고 보니, 그 후 비록 개역한 일이 있기는 하지만 그 낱말들 중에는 현재 전혀 사용치 않는 말이 있는가 하면 또한 의미가 완전히 변하여 다른 말로 바뀌어버린 것도 있다는 사실을 말씀드리기 위함입니다.

예를 들어 위의 본문 중 관세마 17:25라고 된 것은 오늘날 우리말로 말하자면 국경을 통과하는 상품에 과세하는 세금customs을 일컫는 것이지만, 영역에서는(toll) 지대地代나 교량 통과세 등을 포함한 모든 시설물의 사용료를 의미합니다. 이와 같이 관세의 의미가 성경이 번역되던 당시와 오늘날 사이에는 큰 차이가 있음을 알게 될 것입니다.

그리고 마태복음 17장 25절의 정세 역시 국한문 성경에서는 정세丁稅라 하였는데 우리 국어사전에는 정세라는 낱말을 찾아볼 수 없습니다. 그러나 영역에서는(tribute) 공물貢物 또는 조공朝貢을 의미하고 있습니다.

그리고 좀 설명을 가할 곳이 있다면 "그러하면 아들들은 세를 면하리라"고 한 부분인데, 이것이 영역에서는 "then the sons are free"라고 되었습니다. 이는 free 다음에 "from paying tax"가 생략된 문장입니다.

그러므로 이 생략된 부분을 보완하면 "그러면 아들들은 세금 납부의 의무에서 벗어나겠구나" 혹은 "아들들은 세금을 안내어도 되겠구나"라는 뜻의 말이 되며, "저희를 오해케 하지 않기 위하여"의 부분은 영역에서 "그들에게 불쾌감을 주지 않게 하기 위하여"(not to give offensive to them)라는 뜻입니다.

그래서 이제 이런 뜻을 염두에 두고 위의 본문마 17:24~27을 그 뜻에 맞추어 옮겨 본다면 다음과 같습니다.

"가버나움에 이르니 반 세겔의 성전세 받는 자들이 베드로에게 나아와 가로되 너희 선생이 반 세겔을 내지 아니하느냐. 가로되 내신다 하고 집에 들어가니, 예수께서 먼저 가라사대 시몬아 네 생각은 어떠하뇨. 세상 임금들이 뉘게로부터 제반 시설물들의 사용료와 공물들을 받느냐, 자기 아들들에게서냐 타인에게서냐. 베드로가 가로되 타인에게서니이다. 예수께서 가라사대 그러면 아들들은 세를 안내어도 되겠구나. 그러나 우리가 그들에게 불쾌감을 주지 않게 하기 위하여 네가 바다에 가서 낚시를 던져 먼저 오르는 고기를 가져 입을 열면 돈 한 세겔을 얻을 것이니, 가져다가 나와 너를 위하여 주라 하시니라."

우리는 여기서 분명하게 예수님께서 "그러면 아들들은 세를 안내어도 되겠구나"라고 하신 말씀을 봅니다.

우리들과 하나님과의 관계는 무엇입니까? 우리들은 하나님의 아들들이 아니고 무엇입니까? 여러분은 하나님을 아버지 곧 하나님 아버지라고 부르지 않습니까?

요한복음 1장 10~12절에서 예수님에 관하여 이르는 말씀 가운데서 "그가 세상에 계셨으며 세상은 그로 말미암아 지은 바 되었으되 세상이 그를 알지 못하였고 자기 땅에 오매 자기 백성이 영접지 아니하였으나 영접하는 자 곧 그 이름을 믿는 자들에게는 하나님의 자녀가 되는 권세를 주셨으니"라고 하였으니, 만약 우리들이 진정코 그를 영접하고 그 이름을 믿는다면 그야말로 당당한 하나님의 자녀가 되는 것입니다.

 그뿐입니까? 로마서 8장 15~17절에서는 "너희는 다시 무서워하는 종의 영을 받지 아니하였고 양자의 영을 받았으므로 아바 아버지라 부르짖느니라. 성령이 친히 우리 영으로 더불어 우리가 하나님의 자녀인 것을 증거하시나니, 자녀이면 또한 후사 곧 하나님의 후사요 그리스도와 함께한 후사니, 우리가 그와 함께 영광을 받기 위하여 고난도 함께 받아야 될 것이니라"고 함으로써, 하나님을 우리 아버지라 한데 그치지 아니하고 친밀감과 그 부자간의 관계를 한층 더 강조하기 위하여 아바 아버지라고까지 하였는가 하면, 우리를 일컬어 하나님의 후사 곧 하나님의 대를 잇는 아들 또는 상속자라고까지 하고 있는 것입니다.

 또한 갈라디아서 4장 6,7절에서도 이르기를 "너희가 아들인고로 하나님이 그 아들의 영을 우리 마음 가운데 보내사 아바 아버지라 부르게 하셨느니라. 그러므로 네가 이 후로는 종이 아니요 아들이니, 아들이면 하나님으로 말미암아 유업을 이을 자(후사 또는 상속자)니라"고 함으로써, 하나님이 우리의 아버지임을 강조하기 위하여 아바 아버지라고 하였는가 하면 다시 우리를 하나님의 상속자라고까지 하였으니, 대체 하나님과 우리와의 관계가 부자간이란 사실을 나타내는 데 있어 이보다 더 강하고 명백한 방법이 또 어디 있겠습니까?

 거기다 우리 주님께서는 "아들들은 세를 면하리라" 마 17:26 즉 "아들들은 세를 안 내어도 되겠구나" 하셨으니, 우리가 하나님께 모든 것을 다 바치되 세(稅)에 속하거나 세와 관련된 것만은 바치지 않는

데 그치는 것이 아니고, 역으로 세를 바치게 된다면 이는 아버지와 아들의 관계는 끊어지고 세상 임금과 타인과의 관계로 전락하는 것을 뜻하게 됩니다.

이상은 우리 주님께서 친히 하신 말씀이지만 이제 우리 각자가 세상 예를 보거나 우리 스스로를 한번 생각해 봅시다.

세상에 부모의 자식이 되어보지 않은 사람이 어디 있으며 또한 후일 자식들의 부모가 되지 않을 사람이 과연 얼마나 있겠습니까? 다시 말해 이 세상 모든 사람들이 다 자식 아니면 부모이지 이에도 저에도 속하지 않는 사람이 있을 수 있겠습니까?

그러나 우리는 어느 부모도 아직 자식에게 그 소득의 십일조를 바칠 것을 요구하거나 기대하는 이를 본 적이 없고 또한 어느 자식도 부모에게 그 소득의 십일조를 바치고 있다는 자를 본 적이 없습니다.

남이 아니고 부모와 자식 사이에서, 부모를 봉양할 때는 일정한 형식이 있을 수 없으며 자식의 형편대로 각자 행할 수 있는 것입니다. 이를 테면, 자식의 입장에서 부모를 위하여 수입의 1할 정도를 바쳐서 부모의 봉양이 가능할 수도 있는가 하면 큰 기업을 가져 많은 수입이 있는 자식은 그 수입의 1만분의 1로써도 남을 수 있으며, 수입이 적은 자식의 부모가 중병을 앓아 입원이라도 했다면 수입 전체를 부모를 위해 다 소비하고도 모자라 다시 더 빚을 내서라도 요양을 해 드려야 할 경우도 있는 것이 아닙니까?

어디 그뿐입니까? 예를 들어 부모가 영화관 주인인데 어디 입장료를 내고 들어가는 자식이 있으며, 부모가 식당을 하는데 어디 밥 값을 내고 먹는 자식이 있으며, 부모가 사설 교량업을 하는데 어디 요금을 내고 다리를 건너는 자식이 있겠습니까? 그러나 부모의 필요에 따라서 모든 공양과 요양과 간호를 다하는 것이 자식의 도리인 것입니다.

부모가 아니고 타인 곧 남남 같으면, 가령 땅을 소작 했든 점포를 빌렸든, 일정액의 세를 내기만 하면 상대방이야 그것으로 충족하든 말든 알 바 없지만, 부자간의 경우에 있어서야 어디 그럴 수가 있습니까?

부자간에는 땅세니 집세니 또는 점포세니 하는 식의 이른바 세라는 명분으로 돈을 낼 필요가 없고 또한 그런 것을 요구하는 부모도 없지만, 그 대신 부모의 필요에 따라 형편 닿는 대로 힘껏 잘해 드리는 것이 자식된 자의 도리라는 말입니다.

예수님께서 "그러하면 아들들은 세를 면하리라"고 하신 것이 바로 이러한 원리를 설명하신 것입니다.

지난 날 제사장 시대에는 레위 지파와 나머지 이스라엘 열한 지파와의 인구 비례가 마침 1:11정도였으므로, 기업이 없는 레위 지파의 생계를 지탱키 위하여는 레위 지파를 제외한 열한 지파의 소득에 십일조 제도가 안성마춤이었다 할 수 있지만, 부자간에 있어서 이런 기준을 적용시킨다는 것은 상식적인 일이 아닙니다.

왜냐하면 십일조 제도의 초점은 각 개인의 소득에 두었지만 부자간에 있어서는 그 초점이 자식 편에 있는 것이 아니라 오히려 부모 편에 그 초점을 맞추어야 하기 때문입니다.

즉 부모의 필요를 충족시키는데 있어 부모의 필요가 자식 소득의 1할로 족하다면 다행이지만, 앞서 말한 바와 같이 부모가 병들어 많은 요양과 치료가 필요할 경우에는 소득의 5할이나 10할 또는 빚을 얻어서라도 그 필요를 충족하여 봉양해야 하는 것이 자식된 도리인 것입니다.

그러므로 그 초점이 부모편에 있지 아니하고 자식편에 있는 십일
조 제도는 부자간에 적용될 수 없는 것이란 사실을 아셨을 것입니
다. 동시에 하나님과 자기와의 관계가 세상 임금과 타인과의 관계
곧 신하나 백성과의 관계 같은 것이 아니라 부자간의 관계임을 확
신하고 있는 신자라면, 오늘날 기독교가 당연시하고 있는 십일조
제도의 맹점을 알 수 있을 것입니다.

앞서 인용한 로마서 8장 15절에서 이르기를 "너희는 다시 무서워
하는 종의 영을 받지 아니하였고 양자의 영을 받았으므로"라 하였
는데, 양자라 하면 친생자親生子보다는 아무래도 격을 느끼게 되는
입양된 자식을 가리키지만, 여기서는 전혀 그런 뜻에서가 아니라
진실로 자식이 되는 것인데 다만 번역상의 문제로 이 말이 사용된
것뿐으로 결코 친생자와 구별하기 위한 단어가 아닙니다.

즉 이 '양자의 영'에 해당하는 구절을 영역에서는 'the spirit of
sonship'이라 하였는데, 이 sonship이라는 말은 citizenship이 시민
권이나 공민권 또는 시민이나 공민의 신분이나 자격 등을 뜻하는
것과 같이, son이라는 명사에 ~ship이란 접미사가 붙어서 그 자식
의 상태나 성질이나 신분 등을 나타내는 조어로서, '자식권' 곧 자
녀의 신분 또는 자녀의 신분이 되는 권리를 나타내는 말이 되는 것
입니다.

그러나 아시다시피 자식이나 자식이 되는 권리는 출생으로 인하
여 비롯되는 것이므로 인위적으로 자식이 되는 방법은 남의 양자가
되는 길밖에 없는 것입니다(세상 관계로 말할 때).

따라서 지난 날 성경을 번역하는 이가 이 sonship이란 낱말을 앞
에 두고 생각할 때, citizenship같은 말에서 유추하면 "자식권 또는

자식이 되게 하는"이라는 뜻이 되는 것인즉, 결국 이는 양자를 뜻하는 것이라고 생각하고 그렇게 번역한 것이 아닌가 생각됩니다.

그런데 옥스포드 캠브리지대학 공동번역에서는 이에 해당하는 구절을 "a spirit that makes us sons"라 함으로써 "우리로 하여금 자식들이 되게 하는 영"이라 하였는데, 새번역에서는 이 부분을 "아들이 되게 하는 영"이라 함으로써 양자라는 말보다는 한층 원래의 의미를 잘 나타내고 있습니다.

그래서 새번역에서 로마서 8장 15절을 옮겨보면 다음과 같습니다.

"여러분은 다시 두려움에 빠지게 하는 노예의 영을 받은 것이 아니라(이것은 지난 날 율법시대의 여호와와 인간과의 관계를 가리키는 것임. 출 19:16~25; 20:18,19 참조) 아들이 되게 하는 영을 받았습니다(된 것은 아니고 되기 위하여는 요 1:12의 실천이 필요함). 그래서 우리는 그 영에 의하여 하나님을 아바 아버지라 부르게 되었습니다."

앞서 말한 바와 같이 요한복음 1장 12절에서 이르기를 "영접하는 자 곧 그 이름을 믿는 자들에게는 하나님의 자녀가 되는 권세를 주셨으니"라고 하였는데, 그러면 그 이름을 믿는 자란 대체 무엇을 뜻하는 것이겠습니까?

마태복음 1장 21절에서 이르기를 "아들을 낳으리니 이름을 예수라 하라. 이는 그가 자기 백성을 저희 죄에서 구원할 자이심이라"고 하였습니다.

그래서 예수라는 이름이 지니고 있는 위와 같은 뜻을 이해하신다면, "그 이름을 믿는 자"란 "나는 그의 백성이요 그는 나를 나의 죄에서 구원하실 나의 구주"라는 것을 믿는 자를 가리키는 것임을 알게 될 것입니다.

　그러면 십일조란 대체 무엇일까? 세의 성질을 띤 것인가 아니면 자식이 그 형편대로 부모의 필요에 따라 공양하고 보살피는 것에 속하는 것이냐의 양자 중 어느 편에 속하는 것일까? 이제 십일조가 어느 편에 속하는 것인지를 알기만 하면, 우리가 어느 편을 버리고 어느 편을 택해야 할지는 자명한 일이 되는 것입니다.
　그런데 아시다시피 십일조란 내는 이가 그의 형편에서 그의 재량에 따라 내는 것이 아니라, 소득의 일정율을 율법에 의하여 내는 세의 성질에 속하는 것입니다.
　십일조란 말 자체는 영어로 tithe로서 10분의 1의 세를 말하는 것이며(동아출판사 신콘사이스 영한사전 1406면 참조), 한자로는 十一租로서, 생산량의 10분 1을 바치는 조세租稅; 동아출판사 신콘사이즈 국어사전 1214면 참조를 의미합니다.
　그러나 앞서 상고한 대로 "아들들은 세를 면하리라"고 하신 주님의 말씀이 살아 약동하고 있는데, 어찌 이를 내라고 종용할 수 있으며 또한 종용한다 하여 어찌 이를 냄으로써 스스로 아들된 위치를 저버리고 타인이나 종의 위치로 되돌아 갈 수가 있겠습니까롬 8:15; 갈 4:7?
　그리고 이 기회에 우리가 다시 한번 되새겨 보면서 감사하지 않을 수 없는 것은, 지난 날 하나님으로부터 그렇게 총애를 받았던 노아도, 아브라함도, 이삭도, 야곱도, 그리고 더 내려와서는 모세도, 아론도, 감히 하나님을 아버지라고 불러 본 일이 없는 것을, 예수 그리스도로 말미암아 요한복음 1장 12절에 의거하여 우리는 하나님을 우리 아버지로 부를 수 있는 특권을 누리게 됨과 동시에 그 자녀가 된 사실에 관한 것입니다.

  이 어찌 감사하지 않을 수 있으며 또한 이렇게 맺어진 그 고귀한 부자간의 관계를 어찌 십일조란 세를 냄으로써 종이나 타인의 위치로 되돌아 갈 수가 있느냐 하는 것입니다.

  예수님의 하신 말씀 "아들들은 세를 면하리라"는 정말 몇번을 음미해보아도 감사한 말씀이요 한시도 잊어서는 안 될 천금 같은 말씀입니다.

  국한문 성경과 기독교대사전에 보면 십일조十一租가 십일조十一條로 나와 있습니다. 그런데 이렇게 십일조十一條로 써 놓고 보면 누가 보더라도 이는 우리가 흔히 율법서나 회사의 정관 등에서 볼 수 있는 바와 같이, 제 몇장章 몇조條라는 조條로서 제10조 다음의 11조로 보지, 이를 어떻게 성경에서 일컫는 그 조세의 뜻을 지닌 십일조라고 볼 수 있느냐 하는 의문이 생기지 않을 수 없습니다.

  그래서 이 조條 자에 대하여 살펴본 바, 이는 '곁가지 조' 자인 동시에 두 가지 의미를 지닌 글자로서, 그 첫째는, '제5조' 하는 식으로 어떤 줄거리나 항목의 뜻을 나타내는가 하면, 둘째로는 '사례금 조條로' 라 하는 식으로, '어떤 조건으로' 라는 뜻이 담겨져 있습니다 (동아출판사 신콘사이즈 국어사전 1715면).

  그러면 지난 날 중국의 한문성경은 왜 조세의 의미가 분명한 이 십일조를 十一租라 하지 아니하고 十一條라 하였느냐 하는 점이 궁금해 집니다.

  이는 앞서 살펴본 바 조條 자가 지닌 두번째의 의미 곧 '사례금 조條로' 라 한 것과 같이 '십일조조' 十一租條라 한 것이 두개의 '조' 자 중 앞의 조租 자는 빠지고 뒤의 조條 자만 남게 되어 그렇게 된 것인지, 또는 지난 날 우리 농촌에서 소작료를 납부할 때 지주地主에 대한 지대地代의 호칭으로 사용했던 3·7제, 4·6제 하는 제制 자에 해당한 것이 옛날 중국에서는 조條 자로 사용해서 십일제가 십일조로 된 것인지 분간이 되지 않습니다.

  어쨌든 성경에서 의미하는 것은 십일조十一租가 분명한데도 불구하고 제 몇조라는 뜻의 십일조十一條란 식으로 표기되어 송두리째 그 의미가 변해진 이상, 언제까지나 그대로 두어서는 안되고 그간 성경을 개역한 바 있는 성경번역위원회나 기독교대사전의 발행처인 대한기독교서회가 함께 연구하여 정정해야 할 과제가 아닌가 생각됩니다.

7장
사도들의 가르침과 행함

    예수님의 가르침과 행하심은 하늘에 계신 하나님 아버지의 뜻을 나타내는 것이고 사도들의 가르침과 행함은 예수님의 뜻을 나타내는 것인데, 이것을 편의상 상의구현원리上意具現原理; The doctrine of the embodiment of the superior,s will라 부르기로 하겠습니다.

    예수님께서는 "내가 하늘에서 내려온 것은 내 뜻을 행하려 함이 아니요 나를 보내신 이의 뜻을 행하려 함이니라 나를 보내신 이의 뜻은 내게 주신 자 중에 내가 하나도 잃어버리지 아니하고 마지막 날에 다시 살리는 이것이니라"요 6:38,39고 선포하신 것을 비롯하여, "내 교훈은 내 것이 아니요 나를 보내신 이의 것이니라"요 7:16, "내가 너희에게 이르는 말이 스스로 하는 것이 아니라 아버지께서 내 안에 계셔 그의 일을 하시는 것이라"요 14:10고 하셨습니다.

    이와 같은 말씀은 예수님의 가르침과 행하심은 하늘에 계신 아버지의 뜻을 나타내는 것이라고 한 상의구현원리를 증명하는 구절입니다.

또한 사도들의 가르침과 행함은 예수님의 뜻을 나타내는 것이라는 상의구현원리를 입증하는 말씀들도 성경에서 찾아볼 수 있습니다.

"그들이 다 성령의 충만함을 받고 성령이 말하게 하심을 따라 다른 언어들로 말하기를 시작하니라" 행 2:4

"내 말과 내 전도함이 지혜의 권하는 말로 하지 아니하고 다만 성령의 나타나심과 능력으로 하여" 고전 2:4 "누가 주의 마음을 알아서 주를 가르치겠느냐. 그러나 우리가 그리스도의 마음을 가졌느니라" 고전 2:16 "내가 그리스도를 본받는 자 된 것 같이 너희는 나를 본받는 자 되라" 고전 11:1

"형제들아 너희는 함께 나를 본받으라 그리고 너희가 우리를 본받은 것처럼 그와 같이 행하는 자들을 눈여겨 보라" 빌 3:17

한층 그 명확성과 강도를 높인 말씀으로는 "내가 전한 복음이 사람의 뜻을 따라 된 것이 아니라…오직 예수 그리스도의 계시로 말미암은 것이라" 갈 1:11,12 등이 있습니다.

이 모든 말씀들은 한결같이 사도들의 가르침과 행함은 예수님의 뜻을 나타내는 것이란 사실을 입증해 주는 것이라 하겠습니다.

그러므로 사도들이 전한 복음이나 그들의 행함은 단순히 사람의 말이나 행함이 아니라 성령의 역사와 계시를 통하여 주님께서 지시하신 것임이 확실합니다.

이제 한 예를 살펴봄으로써 이 원리의 의미를 생각해 보기로 하겠습니다.

여호와께서는 십계명 제4조에서 이르시기를 "안식일을 기억하여 거룩하게 지키라 엿새 동안은 힘써 네 모든 일을 행할 것이나 일곱째 날은 네 하나님 여호와의 안식일인즉 너나 네 아들이나 네 딸이나 네 남종이나 네 여종이나 네 가축이나 네 문안에 머무는 객이라도 아무 일도 하지 말라 이는 엿새 동안에 나 여호와가 하늘과 땅과 바다와 그 가운데 모든 것을 만들고 일곱째 날에 쉬었음이라 그러므로 나 여호와가 안식일을 복되게 하여 그 날을 거룩하게 하였느니라 "출 20:8~11고 하였습니다.

여기서 말하고 있는 날은 안식일 즉 토요일에 해당하는 날입니다. 그러면 우리는 이 토요일을 안식일로 삼아 거룩하게 지키고 있습니까? 아닙니다.

우리가 기억하여 지키고 있는 날은 토요일이 아니라 '안식 후 첫 날' 행 20:7, 곧 토요일 다음날인 동시에 매주 첫날고전 16:2에 해당하는 일요일입니다. 우리는 바로 이 날을 '주의 날' 계 1:10로 삼아 지키고 있는 것입니다.

그러나 우리는 안식일 곧 토요일을 기억하여 지키라고 하신 여호와의 계명을 위반하고 있는 것이 아니라 사도들을 통하여 보여 주신 우리 주님의 새 뜻에 따르는 것입니다.

왜냐하면 사도들의 가르침과 행함은 그들 자신의 것이 아니라 그들을 보내신 우리 주님의요 20:21 뜻이기 때문입니다.

더구나 그들은 안식일인 토요일이 아니라 그 다음날인 일요일을 주의 날로 삼아 그 날에 떡을 떼려고(예수님을 기념하는 성찬을 뜻하는 것임) 모이곤 하였는데행 20:7, 현재 우리가 토요일을 버리고 그 다음날인 주일을 지키는 것은 이와 같은 그 사도들의 행함의 본에 충실히 따르고 있는 것입니다.

이 얼마나 놀라운 일입니까! 우리가 안식일 곧 토요일을 기억하여 거룩히 지키라는 십계명 제4조를 태연히 어기고 토요일이 아닌 그 다음날을 안식일로 지키면서도, 이에 대하여 죄라는 의식을 전혀 갖지 않는 이 사실이야말로 사도들의 가르침과 행함은 곧 우리 주님의 뜻을 나타내는 것이라는 상의구현원리가 은연중 우리 심중에 자리잡고 있음을 말해줍니다.

만약 이 원리가 없었던들, 지금도 우리는 토요일을 안식일로 지켜야 함은 물론 계명으로 명시된 안식일을 버리고 계명에도 없을 뿐 아니라 주님께서 지시한 적도 없는 주의 날을 지킴으로써 버젓이 십계명 제4조를 위반한 사도들을 계명 위반자 또는 우리로 하여금 다 자기들과 같은 범법자가 되게 한 미혹자마 24:4,5,11로 지목하지 않을 수 없었을 것입니다.

그러므로 우리는 이 원리의 존재를 더욱 뚜렷이 느끼며 또한 이 원리의 중대함에 새삼 놀라지 않을 수 없습니다.

그리스도인이라면 누구나 세례를 받았을 것이고 또한 매년 한두 번씩은 목사들이 세례주는 것을 보아 왔을 것입니다. 여기서는 목사들이 세례를 줄 때, '성부와 성자와 성령의 이름' 으로 주는 것과 '예수 그리스도의 이름' 으로 주는 것 중에서 상의구현원리에 입각할 때 어느 이름으로 주는 것이 옳은 것이겠습니까?

우선 세례의 근원을 따져 보자면 첫째, '성부와 성자와 성령의 이름으로' 세례를 주는 것은 마태복음 28장 10절에서 예수님께서 이르신 말씀 곧 "그러므로 너희는 가서 모든 족속으로 제자를 삼아 아버지와 아들과 성령의 이름으로 세례를 주고"라고 하신 데 연유한 것입니다.

둘째, '예수 그리스도의 이름'으로 주는 것은 다만 사도들이 '그 이름'으로 주었다는 것, 곧 사도들의 행함이 그러했다는 것일 뿐 성경에서는 더 이상의 근거를 찾아볼 수 없습니다.

그러나 결론부터 말하자면 성경에 그 이름으로 세례를 주라고 지시한 바는 없지만 사도들이 사용한 그 이름 곧 '성부와 성자와 성령의 이름'으로가 아니라 '예수 그리스도의 이름'으로 세례를 주는 것이 옳습니다.

이는 마치 안식일을 폐하고 주일을 지키라는 지시나 분부가 없음에도 불구하고 상의구현원리에 의하여 사도들의 행함을 본받아 안식일을 폐하고 주일을 지키는 것과 마찬가지 이치라고 하겠습니다.

이제 사도들이 '성부와 성자와 성령의 이름'이 아닌 '예수 그리스도의 이름'으로 세례를 준 내력을 소개하고자 합니다.

이에 앞서 예수님을 팔고 제 갈 곳으로 간 가룟 유다를 제외한 열한 제자들이 예수님으로부터 받은 분부는 분명히 '아버지와 아들과 성령의 이름'으로 세례를 주라마 28:16~19는 것이었는데, 그 후 어떤 사연들이 있었기에 사도들이 '예수 그리스도의 이름'으로 바꾸어서 세례를 주게 되었나 하는 데 관한 우리의 추측은 이렇습니다.

예수님께서는 마태복음 28장 19,20절에서 이르신 대로 "그러므로 너희는 가서 모든 족속으로 제자를 삼아 아버지와 아들과 성령의 이름으로 세례를 주고 내가 너희에게 분부한 모든 것을 가르쳐 지키게 하라"는 분부를 남기고는 하늘로 올리워 갔습니다.

그리하여 아버지께 그간의 모든 일에 대해 보고하는 중, 앞으로 세례를 줄 때는 '아버지와 아들과 성령의 이름'으로 주라는 분부를 하고 왔다는 사연을 말씀드렸습니다.

그러자 아버지께서는 이르시기를, 네가 권세와 영광을 나와 우리에게(창 1:26에서 하나님이 삼위를 가리켜 '우리' 라고 한 사실 참조) 드리고자 '아버지와 아들과 성령의 이름' 곧 '삼위의 이름' 으로 세례를 주라고 한 취지는 가상하다.

그러나 내가 원래 너를 믿는 자마다 영생을 주기로 하였을 뿐만 아니라요 3:16 이제는 '하늘과 땅의 모든 권세' 와 더불어 '심판의 권세' 까지도 다 네게 맡겼으니마 28:19; 요 5:22, 네 이름 하나만으로 족하다. 그리 알고 시행토록 하라고 말씀하셨을 것이라고 생각해 볼 수 있습니다.

그러자 예수님께서는 예루살렘을 떠나지 않고 마가의 다락방에 모여서, 보내 주시기로 약속하신 것을 기다리며 기도하고 있는 사도들에게 약속하신 성령을 보내실 때, 그 성령을 통하여 이 사실을 통보하고 이를 통보받은 사도들은 주님께서 알려 주신 그 '새 뜻' 에 따라 행하게 되었는데, 그것이 곧 '삼위의 이름' 이 아니라 '예수 그리스도의 이름' 으로만 세례가 행해지게 된 연유일 것으로 생각합니다.

이상은 물론 당초 말씀드린 바와 같이 우리가 생각해 본 하나의 추측에 불과하지만, 이것은 사도들이 각각 자기 나름대로의 사사로운 생각에서라든가 또는 일위나 삼위를 같은 것으로 착각해서라든가 모든 사도들이 일시에 똑같은 건망증에 걸린 것에 연유해서가 아니라, 그야말로 성령의 지시에 의하여 그렇게 한 것이라는 핵심만은 결코 추측이 아니라 진실인 것입니다.

그들은 주께로부터 "너희는 몇 날이 못되어 성령으로 세례를 받으리라. 그리고 성령이 너희에게 임하시면 권능을 받고… 내 증인이 되리라" 행 1:5,8는 예언이 있은 후 과연 그 예언대로 "저희가 다 성령의 충만함을 받고 그 성령이 말하게 하심을 따라" 행 2:4 말한 것이 곧 "성부와 성자와 성령의 이름으로"가 아니라 "회개하여 각각 예수 그리스도의 이름으로 세례를 받고 죄사함을 얻으라"행 2:38고 외치게 되었습니다.

이로써 그들의 외침은 모두 성령이 말하게 하심을 따라 말한 것, 곧 성령의 역사에 의한 것임이 분명합니다.

이제 사도들이 삼위의 이름 대신 예수 그리스도의 이름으로만 세례를 준 실례를 들어보겠습니다.

위에 열거한 대로 사도행전 2장 38,41절에 의하면 베드로를 비롯한 열두 사도들이 오순절 날 예루살렘에서 각처로부터 모인 삼천 명의 무리에게 세례를 주었는데, 그때의 세례는 모두 예수 그리스도의 이름으로 준 세례였습니다.

일곱 집사 중 하나인 빌립이 사마리아 사람들에게 준 세례도 예수님의 이름으로 주었으며행 8:10, 베드로와 함께 욥바에서 온 형제들이 이달리야대의 백부장 고넬료와 이방인들에게 준 세례 역시 예수 그리스도의 이름으로 주었으며행 10:48, 에베소 신자들이 받은 세례 역시 예수님의 이름으로 받았습니다.

예수님의 열두 제자들과는 달리 특별하게 사도된 바울 역시 "그리스도 예수와 합하여 세례를 받은 우리"롬 6:3 또는 "그리스도와 합하여 세례를 받은 자"갈 3:27라 함으로써 바울 자신은 물론 그 서신들의 수신인인 로마의 성도들과 갈라디아의 여러 교회들까지도 삼위의 이름 대신 예수 그리스도의 이름으로만 세례를 받은 사실이 나타나 있습니다.

여기서 우리는 주님으로부터 삼위의 이름으로 세례를 주라는 분부를 받은 주님의 제자들이나 기타 성령의 충만함을 받은 빌립이나 사도들의 수종자들이, 동시에 건망중에 걸렸다든가 예수님에 대한 반역자로 돌변했다고 볼 수 없는 이상, 그들은 삼위의 이름으로 줄 것이 아니라 예수 그리스도의 이름으로 주라는 새로운 지시를 성령을 통하여 받았다고 볼 수밖에 없습니다.

그렇다면 우리도 삼위의 이름 대신 사도들을 본받아 예수 그리스도의 이름으로 주는 것이 옳은 줄 알게 되는 바, 이는 "사도들의 가르침과 행함은 그들 자신의 것이 아니라 그들을 보내신 이 곧 우리 주 예수 그리스도의 뜻을 나타내는 것"이라고 한 상의구현원리가 이 이치를 가르쳐 주고 있기 때문입니다.

사도 바울이 천명한 바 있는 "무릇 그리스도 예수와 합하여 세례를 받은 우리는 그와 함께 장사되었나니…이는 그를 죽은 자 가운데서 살리심과 같이 우리로 새 생명 가운데서 행하게 하려 함이니라" 롬 6:3,4고 한 것이나, "누구든지 그리스도와 합하여 세례를 받은 자는 그리스도로 옷입었느니라" 갈 3:27고 한 사연 등을 음미할 때, 세례를 주되 삼위의 이름으로 줄 것이 아니라 예수 그리스도의 이름으로 주는 것이 옳고 사리에 맞는 이치임을 다시 한번 깨닫게 됩니다.

하나님과 성령은 죽으신 일이 없으시되 주님께서는 육신으로 이 세상에 오셔서 우리 죄를 위하여 죽으시고 장사되셨다가 다시 부활 승천하셨으며 하나님과 우리 사이의 중보자 역할을 하시는 분입니다.

우리는 그 중보자 되시는 주님을 믿고 그의 피 공로로 말미암아 구원을 얻게 되는 동시에 그의 이름으로 구제하고 그의 이름으로 기도하고 그의 이름으로 귀신을 쫓아내고 그의 이름으로 권능을 행하고 그의 이름으로써만 죄사함을 얻게 되는 일관된 교리에 비추어 보더라도, 삼위의 이름이 아니라 예수 그리스도의 이름으로 세례를 주는 것이 얼마나 타당한 일인지를 깨닫게 됩니다.

위에서 살펴본 바와 같이 예수님의 승천 후, 사도들이나 그 수종자들이 행한 세례는 모두가 예수 그리스도의 이름으로 행한 것뿐이고 삼위의 이름으로 세례가 행해졌다는 기록은 성경 어느 곳에서도 찾아 볼 수 없습니다.

그리고 세례 요한마 3:1~12; 요 3:23은 물론 예수님의 제자들요 4:1,2도 일찍이 세례를 주었으나 '무슨 이름'으로 주었는지에 관하여는 성경에 기록이 없어 그 실상을 규명하기가 매우 어렵게 되어 있습니다.

상의구현원리를 살피다 보니 세례에 관해 언급하게 되었는데, 그러다 보니 또한 세례를 줄 수 있는 자격자는 과연 어떤 사람인가 하는 것도 잠시 생각해 보지 않을 수 없습니다.

이제 예수님께서 부활하신 이후에 행해진 세례 가운데서 세례를 준 사람이 성경에 분명히 나타나 있는 경우를 소개해 보겠습니다.

첫째, 예루살렘에서 오순절 날에 삼천 명이 세례를 받았는데, 이때 세례를 준 이는 가룟 유다 대신 제비 뽑아 사도의 수에 가입하게 된 맛디아를 포함한 열두 사도들 전원입니다행 1:24~26; 2:14, 38~41.

둘째, 사마리아의 남녀들과 마술사 시몬이 세례를 받았을 때 이들에게 세례를 준 이는 일곱 집사 중의 한 분인 빌립입니다행 8:12,13.

셋째, 에디오피아의 국고를 맡은 내시에게 세례를 준 이도 역시 집사 빌립입니다행 8:38.

넷째, 이달리야대 군대의 백부장 고넬료와 그 가족들이 한꺼번에 세례를 받았는데, 이들에게 세례를 준 이는 욥바에서 베드로와 함께 온 신자들 곧 무명의 평신도들입니다(행 10:44~48; 이때 베드로는 욥바에서 온 신자들에게 세례를 주라고 명하기만 하였을 뿐 자기가 준 것은 아님).

다섯째, 사도 바울 역시 세례를 받았는데 그에게 세례를 준 이는 아나니아입니다. 그에 관하여는 '율법에 의하면 경건한 사람'행 22:12이라 한 동시에 "그때에 다메섹에 아나니아라 하는 제자가 있더니"행 9:10라고 성경에 기록되어 있습니다.

따라서 열두 사도들이 오순절 날에 전도하여 세례를 준 상황에 관한 기사 중 "이날에 제자의 수가 삼천이나 더하더라"행 2:41고 한 것과 함께 생각할 때, '아나니아라 하는 제자' 는 이전에는 율법주의자였으나 오순절 때 또는 그 이후에 복음을 받아 세례를 받은 평신도였음을 알게 됩니다.

여섯째, 두아디라 성의 자주 장사 루디아와 그 가족들이 동시에 세례를 받았을 때 이들에게 세례를 준 이는 바울과 동행하던 실라행 15:40; 16:14,15라는 평신도입니다.

일곱째, 두아디라 성의 옥의 간수와 그 권속들이 세례를 받았을 때 이들에게 세례를 준 이 역시 바울의 동행자로서 바울과 함께 옥에 갇혔던 실라입니다행 16:29,33,34.

여덟째, 고린도의 회당장 그리스보와 그의 가족과 가이오와 및 스데바나 집 사람들이 세례를 받았을 때 이들에게 세례를 준 이는 사도 바울입니다고전 1:14,16.

아홉째, 회당장 그리스보의 가정이 주를 믿자 수다한 고린도 사람들도 믿고 세례를 받았는데, 이들에게 세례를 준 이는 바울과 동행 중인 실라였습니다행 18:5,8.

이 사실은 고린도전서 1장 14,16절에서 "그리스보와 가이오와 및 스데바나 집 사람 외에는 너희 중 아무에게도 내가 세례를 주지 아니한 것을 감사하노니, 이는 아무도 나의 이름으로 세례를 받았다 말하지 못하게 하려 함이라"고 한 사연에서도 알게 됩니다.

왜냐하면 바울이 실라와 함께 있을 때 세례를 받은 사람들이 수다한데도 불구하고 바울 자신은 몇몇 사람들 외에는 세례를 준 일이 없다고 밝히고 있으니 그 나머지 사람들은 부득불 실라로부터 세례를 받았다고 볼 수밖에 없기 때문입니다.

이상으로 오순절 이후에 행해진 세례 중 성경 기록에 나타나 있는 것은 총 망라했는데, 아홉번의 세례 중 첫번째인 오순절의 세례가 열두 사도들에 의하여 또한 여덟번째의 세례가 사도 바울에 의하여 행해졌을 뿐, 나머지 일곱번의 세례는 다 집사 빌립에 의하여 혹은 평신자인 아나니아나 실라와 같은 이에 의하여 행해졌다는 사실을 알게 되었습니다.

초대교회 시대의 사도들이 "기도하는 것과 말씀 전하는 것만을 전무"하기 위하여 일곱 집사들을 세워 공궤를 일삼는 일을 그들에게 맡겼는데행 6:1~6, 이와 같은 정신은 사도 바울을 비롯한 모든 사도들이 항상 심중에 간직하고 있었음에 틀림없습니다.

또한 세례를 행할 때에도 오순절의 경우처럼 일시에 수많은 무리가 모인 부득이한 경우를 제외하고는 그 업무를 다른 사람에게 맡긴 것을 볼 수 있습니다.

예를 들어 베드로가 그 자리에 함께 있었으면서도 자기가 세례를 주지 아니하고 욥바에서 같이 온 신자들로 하여금 세례를 주게 하였는가 하면행 10:48, 사도 바울 역시 그 자리에 함께 있었으면서도 그가 직접 주지 아니하고 동행자인 실라로 하여금 세례를 주게 함으로써행 16:15,33 자기들의 업무인 기도하는 일과 말씀 전하는 일의 한계에서 벗어나지 않으려고 노력한 흔적을 뚜렷이 볼 수 있습니다.

그런데 오늘날 우리 교회의 현실은 어떻습니까?

오늘날의 목사들은, 사도들이 되도록이면 집사나 그 외의 신자들로 하여금 행하게 한 세례의 모범을 어기고 이것마저 독점하여 목사가 없으면 성찬도 세례도 못하도록 제도화함으로써, 목사 자신들을 위한 교권만을 확장해온 것이 사실입니다.

이 대목에서 우리는 오늘날의 교회들이 성경에 기록된 사도들의 정신 다시 말해 상의구현원리에 의한 예수 그리스도의 뜻과 얼마나 동떨어진 것으로 변해버렸는지 여실히 알 수 있습니다.

음악이란 끊임없는 소리의 연속으로 구성되는 것이 아닙니다. 때때로 소리가 멈추어지는 고요함이 있어야 음악이 되는 것입니다. 그러므로 악보에는 소리를 나타내는 음부만이 중요한 것이 아니라 이에 못지 않게 고요를 나타내는 쉼표 역시 중요한 것입니다.

이 당연한 사실을 새삼 말하는 까닭은 이렇습니다. 상의구현원리에서 사도들의 가르침과 행함은 그들을 보내신 예수 그리스도의 뜻을 나타내는 것이라고 한 점에 관하여는 이제 이해가 되리라고 생각합니다.

그러나 이와 반대로 당연히 어떤 행함이 있어야 할 법 한데도 끝내 아무런 행함이 뒤따르지 않을 경우, 우리는 그 "행하지 않는 것" 역시 상의구현원리에 속한다는 것을 이해하도록 하기 위함인 것입니다.

예를 들어 알기 쉽게 말하자면 사도들이 주일을 지킨 것을 주의 뜻을 나타내는 것, 곧 '상의'를 '구현'한 것으로 받아들여 우리도 그들처럼 주일을 지키는 것이 주의 뜻을 따르는 것이 되는 것이라면, 똑같은 이론에서 이와 반대로 사도들이 주일은 지키면서도 안식일은 폐해버리고 '지키지 않은 것' 역시 주의 뜻을 나타낸 것으로 받아들여 그들의 '지키지 않음'을 본받아 우리도 안식일을 폐하고 지키지 않는 것이 곧 주의 뜻을 따르는 길이 된다는 것입니다.

이로써 우리는 상의구현원리 안에는 적극적으로 행동한 행위뿐만 아니라 이와 반대로 행하지 않은 것도 포함된다는 사실을 알게 되었습니다.

8장
사도들의 가르침과 행함에서 본 십일조

  우리는 세상의 연대를 둘로 나누어 천지창조 이래 예수님 탄생까지의 기간을 구약시대 또는 율법시대라 하고, 그의 탄생 이후 재림 때까지의 기간을 신약시대 또는 복음시대라고 합니다.
  히브리서 기자는 율법과 복음을 비교하면서 후자가 전자보다 훨씬 우월하고 우수하다는 것을 여러 각도와 관점에서 이야기하고는, 하나님께서 독생자 예수님을 세상에 보내신 때를 기하여 모든 율법이 사멸하거나 폐기된 사실을 묘사하고 있습니다.
  여기서 그 내용의 일부를 살펴보겠습니다.
  성경에 이르기를 "또 주께서 가라사대 그날 후에 내가 이스라엘 집으로 세울 언약이 이것이니 내 법을 저희 생각에 두고 저희 마음에 이것을 기록하리라. 나는 저희에게 하나님이 되고 저희는 내게 백성이 되리라" 히 8:10 하고는 다시 거듭해서 이르기를 "주께서 이르시되 그 날 후로는 그들과 맺을 언약이 이것이라 하시고 내 법을 그들의 마음에 두고 그들의 생각에 기록하리라 하신 후에 또 그들의 죄와 그들의 불법을 내가 다시 기억하지 아니하리라 하셨으니 이것들을 사하셨은즉 다시 죄를 위하여 제사 드릴 것이 없느니라" 히 10:16~18고 하였습니다.

예레미야 31장 31~34절을 인용해 가면서 한 이 말씀은 구약시대 때는 하나님께서 백성들이 지켜야 할 법을 돌판에 새겨 주거나 두루마리 책에 기록케 함으로써, 법을 요지부동한 절대적인 것으로 삼아 이 법을 어긴 자는 가차 없이 벌하셨지만, 예수님께서 우리 죄를 위하여 십자가 상에서 피 흘리신 완전한 복음시대부터는 하나님의 법을 각 사람의 마음과 생각에 기록케 하는 새로운 제도를 세움으로써 타율적이고도 요지부동했던 법을 자율적이고도 융통성 있는 법으로 혁신시키셨음을 상기시키면서, 하나님의 사랑에 대한 감사의 표시와 더불어 복음시대의 우승함을 설명해 주고 있습니다.

히브리서 기자의 이 말이 지니는 의미는 지극히 심오할 뿐더러 우리에게 감사하기 그지없는 말입니다.

하나님의 법을 요지부동한 돌판이나 두루마리 책이 아니라 우리 각 사람의 마음과 생각에 기록해 주심으로써 우리는 타율적인 법에 얽매이거나 강요되지 아니하고 담대히 "혹은 이 날을 저 날보다 낫게 여기고 혹은 모든 날을 같게 여기나니 각각 자기 마음에 확정할지니라. 날을 중히 여기는 자도 주를 위하여 중히 여기고 먹는 자도 주를 위하여 먹으니 이는 하나님께 감사함이요, 먹지 않는 자도 주를 위하여 먹지 아니하며 하나님께 감사하느니라"고 한 바와 같이 오로지 각자의 양심에 따라 자유로운 신앙을 가질 수 있게 되었습니다.

　또한 사도 바울로 하여금 "그런즉 우리가 다시는 서로 비판하지 말고 도리어 부딪칠 것이나 거칠 것을 형제 앞에 두지 아니하도록 주의하라 내가 주 예수 안에서 알고 확신하노니 무엇이든지 스스로 속된 것이 없으되 다만 속되게 여기는 그 사람에게는 속되니라"롬 14:13,14고 하는 심히 놀랍고도 대담한 선포를 할 수 있게 한 것입니다.

　이 얼마나 감사한 일입니까. 이와 같이 복음시대에 사는 우리는 율법시대에 산 그들보다 말할 수 없는 행복과 자유를 누리고 있는 것입니다.

　그럼에도 불구하고 이 심오한 복음의 진수를 깨닫지 못한 많은 목사들이 지금도 율법적이고도 획일적인 신앙으로 신도들을 꼼짝못하게 하는 것은 매우 유감스러운 일이 아닐 수 없습니다.

　다음으로는 위에서 말한 바와 같이 "저희 죄와 저희 불법을 내가 다시 기억지 아니하리라"히 10:17고 하신 이유에 관한 것입니다.

　첫째, 예수님께서 우리 죄를 지시고 십자가의 형벌을 받으심으로써 우리 죄가 속죄되었기 때문입니다. 하나님께서는 이미 속죄되어 죄 없는 자와 같이 된 자의 죄나 불법을 더이상 기억할 필요가 없기 때문이라는 것입니다.

　둘째, 위에서 상고한 바와 같이 그날 후로는 법을 요지부동한 돌판이나 두루마리 책이 아니라 각 사람의 마음과 생각에 기록케 함으로써, 지난 날 율법 아래서는 죄가 되던 것이 오늘날의 복음 아래서는 죄가 되지 않는 경우가 허다히 생기게 되었기 때문입니다.

　다시 말해서 돌판에 새겨졌거나 두루마리 책에 기록된 법을 기준으로 했을 때는 죄가 되던 것이, 각 사람의 마음과 생각에 기록된 것을 기준으로 삼았을 때는 벌써 죄가 되지 않는 경우가 너무나 많기 때문이라 하겠습니다.

히브리서 기자가 위와 같은 값진 진리를 밝히고는 이어서 "이런 것(율법과 율법 하의 제사 제도)은 먹고 마시는 것과 여러 가지 씻는 것과 함께 육체의 예법만 되어 개혁할 때까지 맡겨 둔 것이니라" 히 9:10고 함으로써, 염소나 송아지의 피에 의한 제사제도나 십일조에 관한 규정을 포함한 모든 율법들이 복음시대에 사는 우리에게는 다 사멸되어 무효화된 것이란 사실을 은연중 밝혀주고 있습니다.

또 히브리서 10장 1절에서는 "율법은 장차 오는 좋은 일의 그림자요 참 형상이 아니므로"라고 함으로써, 복음시대인 '참 형상'의 시대에 사는 자는 '그림자'의 시대의 법이었던 십일조 규정을 포함한 율법에 얽매여 사는 일이 얼마나 부당한지를 지적해 주고 있습니다.

"새 언약이라 말씀하였으매 첫 것은 낡아지게 하신 것이니 낡아지고 쇠하는 것은 없어져가는 것이니라" 히 8:13고 함으로써, '첫 것' 곧 구약의 '율법'은 낡아지고 쇠하여져 없어져가는 것이니 율법과 율법에 속하는 십일조의 제도 등이 다 쇠퇴 멸절되어야 함을 천명하고 있습니다.

또한 "저 첫 언약이 무흠하였더면 둘째 것을 요구할 일이 없었으려니와" 히 8:7 하고는 이어서 이르기를 "그 첫 것을 폐하심은 둘째 것을 세우려 하심이니라" 히 10:9고 함으로써, 첫 언약 곧 십일조에 관한 율법을 포함한 구약은 결함이 있어 이를 폐하고 복음을 선포하게 되었다는 철리를 밝혀 주고 있습니다.

히브리서 7장 18,19절에 이르기를 "전에 계명이 연약하여 무익하므로 폐하고 이에 더 좋은 소망이 생기니 이것으로 우리가 하나님께 가까이 가느니라"고 하였습니다.

이 부분을 새번역에서는 더 알기 쉽고 분명하게 "전에 있던 계명은 무력하고 무익했기 때문에 폐기되었습니다"라고 하고는 이어서 "율법은 아무것도 완전하게 하지 못했습니다. 그래서 하나님께서는 더 좋은 희망을 우리에게 주셨습니다. 우리는 그 희망을 통하여 하나님께 가까이 나아가는 것입니다"고 함으로써 전에 있던 계명 곧 십일조의 조항을 포함한 일체의 율법이 폐기되었음을 천명하고 있습니다. 이 얼마나 놀랍고도 감사한 일입니까!

그런데 여기서 하나 짚고 넘어가야 할 것은 지금까지 상고한 이 놀라운 진리를 천명한 히브리서의 기자는 자신의 신분을 전혀 밝히지 않았다는 점입니다. 신구약 성경 66권 중 저자가 확인되지 않은 상태에서 그 기록이 성경으로 수록된 것은 오직 이 히브리서 하나뿐입니다.

그만큼 이 히브리서는 저자의 권위가 참작되어 그것이 성경으로 인정된 것이 아니라, 오로지 그 내용 자체의 중요성과 진실성이 인정되어 성경에 수록되었다 할 수 있습니다.

지금까지 상고한 바를 돌이켜 보면 율법이 폐기되어 무효화되었다고 하는 점입니다. 이와 같이 상의구현원리에 의한 히브리서의 내용들이 거듭거듭 율법의 폐기와 그 무효화를 천명하고 있으니, 이로써 우리는 그 율법의 일부인 십일조의 조항들이 그 율법들과 함께 다 폐기되어 무효화되고 말았다는 사실을 다시 한번 분명하게 알게 된 것입니다.

이상은 히브리서를 통하여 상의구현원리와 십일조와의 관계를 살펴보았고 다음은 사도들의 부작위적不作爲的인 면을 통해 본 상의 구현원리와 십일조에 관하여 상고해 보기로 하겠습니다.

본장 서두에서는 구약의 율법시대와 신약의 복음시대로 나누어 생각해 보았지만 사실 그 복음시대는 다시 둘로 나누어 생각하는 것이 합당하다고 여겨집니다.

즉 예수님의 출생으로부터 십자가의 수난 때까지의 33년 간 다시 말해 예수님의 공생애 기간과 그 이후의 시대로 구분되어야 한다는 것입니다.

예수님의 공생애 기간은 넓게 볼 때 복음시대에 속하기는 하지만 엄격히 말하면 율법과 복음의 병행시대라 할 수 있습니다. 다시 말해 나날이 죽음을 향하여 걸어가고 있는 율법과 새로 싹터서 자라기 시작한 복음이 십자가의 수난의 날을 향하여 함께 걸어가고 있는 시대입니다.

그 후 예수님이 부활 승천하신 다음에 완전한 복음시대로 접어듭니다. 여기에서 우리가 주의 깊게 생각해야 할 것이 있습니다.

예수님의 공생애 기간 곧 율법시대에서 복음시대로 이행하는 과도기 또는 율법과 복음의 공존기 중에 행하신 예수님의 행하심이나 교훈 중에는, 그 공존기에 한해서 합당할 뿐 결코 영속적인 행함의 본이나 교훈이 될 수 없는 것이 있다는 점입니다.

예수님의 수난 후인 완전한 복음시대에는 "할례나 무할례가 아무 것도 아니로되" 갈 6:15라고 할 정도로 할례를 무시했습니다.

바울은 "보라 나 바울은 너희에게 말하노니 너희가 만일 할례를 받으면 그리스도께서 너희에게 아무 유익이 없으리라 내가 할례를 받는 각 사람에게 다시 증언하노니 그는 율법 전체를 행할 의무를 가진 자라 율법 안에서 의롭다 함을 얻으려 하는 너희는 그리스도에게서 끊어지고 은혜에서 떨어진 자로다"갈 5:2~4고 할 정도로 할례를 숭상하거나 이에 미련을 느끼는 자들을 향하여 크게 질책하였습니다.

그러나 예수님께서는 율법의 규례대로 할례와 결례를 꼬박꼬박 다 받으셨습니다눅 2:21~24,27,39. 이와 같이 율법에서 복음으로 이행 중인 과도기에 행하신 예수님의 행하심 가운데는 완전한 복음시대에 사는 우리에게는 전혀 본이 되지 못하는 경우도 있다는 사실을 분명히 알 수 있습니다.

또 예수님께서는 마태복음 23장 23절에서 "화 있을진저 외식하는 서기관들과 바리새인들이여, 너희가 박하와 회향과 근채의 십일조를 드리되 율법의 더 중한 바 의와 인과 신은 버렸도다. 그러나 이것도 행하고 저것도 버리지 말아야 할지니라"고 하셨습니다.

많은 목사들은 이 구절을 십일조에 관한 율법이 아직도 살아 있다고 주장하는 하나의 근거로 삼고 있지만 결코 그런 것이 아닙니다.

여기서 말한 "이것도 행하고 저것도 버리지 말아야 할" 기간은 영원한 것이 아니라, 복음과 율법이 공존하는 기간 동안만입니다. 일단 그 기간이 지나고 완전한 복음시대에 접어들면 낡아지고 쇠해진 히 8:13 율법은 폐기되고히 7:18 복음만이 살아남는 것입니다.

이와 같이 율법과 복음 두 가지는 성질이 서로 상극이어서 그 본질상 영속적인 공존은 불가능하도록 되어 있는 것입니다.

또한 예수님이 하신 말씀은 곧이 곧대로 말하는 직설이 아니라 우회적인 경우가 많다는 점입니다.

예수님께서는 마태복음 5장 17절에서 이르시기를 "내가 율법이나 선지자나 폐하러 온 줄로 생각지 말라. 폐하러 온 것이 아니요 완전케 하려 함이로라"고 하였습니다.

얼핏 생각하면 마치 율법의 미비한 점이나 불완전한 부분을 보완하여 완전한 율법으로 만든 후 그것을 영속시키려고 한 것처럼 들릴 수도 있겠지만 실은 그런 것이 아닙니다.

그것은 "눈은 눈으로 이는 이로 갚으라"고 한 율법을 "악한 자를 대적지 말며, 오른편 뺨을 치거든 왼편도 돌려 대며, 원수를 사랑하며 너희를 핍박하는 자를 위하여 기도하라"는 방향으로마 5:38~44 인도하는 것입니다.

그야말로 말이 완성이지 실제로는 히브리서 기자가 "전에 있던 계명은 무력하고 무익했기 때문에 폐기되었습니다"히 7:18고 천명한 것처럼, 주님께서는 율법을 폐기하시고 더 좋은 사랑의 법요 13:34을 주신 것입니다.

그러나 그는 히브리서 기자가 직설적으로 말한 것처럼 폐기라는 말을 사용치 않으시고 우회적인 화법을 써서 완성이라는 말을 사용하신 것입니다.

따라서 우리는 예수님께서 말씀하신 완성이란 우리가 늘 사용하는 직설적인 화법으로 말할 때 폐기에 해당하는 것이란 사실을 확실히 알 수 있게 되었습니다.

우리는 이 대목에서 그냥 지나칠 수 없는 것 하나가 있는데 이는 "그는 다투지도 아니하며 들레지도 아니하리니 아무도 길에서 그 소리를 듣지 못하리라 상한 갈대를 꺾지 아니하며 꺼져가는 심지를 끄지 아니하기를 심판하여 이길 때까지 하리니 "마 12:19,20고 한 사연에 관한 것입니다.

이 말씀은 마태복음의 기자이자 예수님의 열두 제자 중 한 사람인 마태가 이사야 42장 1절 이하를 인용하여 예수님에 관하여 묘사한 내용입니다.

우리는 이 말씀에 대해 수없이 많이 들었지만 대개의 목사들이 "상한 갈대를 꺾지 아니하며 꺼져가는 심지를 끄지 아니한다"는 말을 우리 인간에 대한 예수님의 사랑과 자비를 나타낸 것으로 설명해 주고 있습니다. 그러나 사실은 그런 것이 아닙니다.

상한 갈대나 꺼져가는 심지는 바로 율법을 가리키고 있는 것입니다. 앞에서 상고한 것처럼 "새 언약이라 말씀하셨으매 첫 것은 낡아지게 하신 것이니, 낡아지고 쇠하는 것은 없어져가는 것이니라"히 8:13고 함으로써 낡아지고 쇠하여 없어져가는 율법을 가리키고 있는 것입니다.

즉 낡아지고 쇠하여져 죽어가고 있는 율법이니 예수님께서 폐하거나 멸하시려면 별 힘 안들이고 당장에라도 하실 수가 있었을 것이지만, 그래도 그렇게 하지 않으시고 때(예수님의 십자가 상의 수난)가 되어 자연히 죽어갈 때까지 기다리신다는 말씀입니다.

이러한 해석의 근거는 이렇습니다.

상한 갈대를 "꺾지 아니하는" 그 자체나 꺼져가는 심지를 "끄지 아니하는" 그 자체가 결코 사랑이나 자비의 표징이 될 수 없기 때문입니다.

사랑이나 자비의 표징이 되려면 그런 상태를 보고 심판하여 이길 때까지 방치할 것이 아니라, 상한 갈대는 바로 세워서 지주를 꽂아 묶어주어 회생할 수 있도록 도와줘야 하고 꺼져가는 심지를 보고는 심판하여 이길 때까지 방치할 것이 아니라 빨리 기름을 부어주어 꺼지지 않게 보살펴 줘야 하기 때문입니다.

다시 말해 그것이 사랑이나 자비의 표징이 되려면 빈사상태에 있는 갈대나 심지를 보고 그냥 방치할 것이 아니라, 누가복음 10장

30~35절에서 예수님께서 드신 예와 같이 예루살렘에서 여리고로 가다가 강도를 만나 거의 죽게 된 자에 대하여 어떤 사마리아인이 행한 것처럼, 할 수 있는 모든 도움을 주어야 비로소 이웃도 되고 사랑이나 자비가 되는 것이지 보고도 그냥 방치하거나 지나가 버린다면 이는 제사장이나 레위인의 처사와 같은 꼴이 되기 때문입니다.

마태복음 12장 9~16절에 나타난 바와 같이 예수님께서는 자신이 안식일에 병고치는 것을 보고는 "어떻게 하여 예수를 죽일꼬"12:14 하고 의논할 정도로 예수님에 대해서 악의를 품은 율법주의자들을 율법과 함께 당장 폐하지 않으신 것은, 심판하여 이길 때까지12:20 곧 자기의 십자가 수난으로 말미암아 복음이 살고 율법이 죽는 순간까지 기다리셨기 때문입니다.

그리고 12장 9절에서 "그가 다투지도 아니하며 들레지도(떠드는 것) 아니하리니 아무도 그 소리를 듣지 못하리라"고 한 말씀이야말로 율법이 곧 죽을 운명에 놓여 있는 줄을 모르고 도리어 마치 자신이 강자의 입장에라도 서 있는 것처럼 착각하여 예수님께 대하여 "어떻게 하여 죽일꼬" 하는 식으로 도전적인 태도를 취하고 있는 것을 목도하면서도, 말없이 참고 있는 모습을 묘사한 것입니다.

이러한 점 등에서 "상한 갈대"와 "꺼져가는 심지"란 지금까지 많은 목사들이 주장해 온 것처럼 우리 인간을 가리키는 것이 아니라, 머지않아 사멸될 운명을 앞두고 빈사상태에 놓여 있는 그 율법을 가리킨 것이란 사실을 알 수 있게 됩니다.

또한 지금 우리가 살고 있는 이 시대는 상한 갈대도 다 말라 죽고 꺼져가는 심지의 불도 다 꺼지고 사라져버린 시대 곧 율법이 완전히 소멸된 시대로서, 그 율법 하에서 명맥을 지탱해 온 십일조의 제도도 다 죽어서 폐기되어버린 시대란 사실을 분명히 알 수 있게 되었을 것입니다.

이 대목에서 우리는 마태복음 23장 23절의 '박하와 회향과 근채의 십일조'란 말이 지니는 뜻도, 완전하고 정상적인 십일조가 아니라 '상한 갈대와 꺼져가는 심지'의 시대의 십일조 곧 진짜 알맹이는 다 없어져버리고 초라하게 허울만 남아 머지않아 완전히 폐기될 그날만을 기다리고 있는 십일조를 의미합니다.

이제 그 '상한 갈대'와 '꺼져가는 심지'가 각각 마르고 꺼졌을 때 십일조 제도 역시 그것들과 함께 모두 소멸되어버린 사실을 분명히 알 수 있게 되었을 것입니다.

사도들의 '부작위적'인 면을 통하여 밝혀진 상의구현원리와 십일조에 관하여 상고하려던 차, 마침 생각난 관련사항으로 인하여 잠시 옆길로 갔지만 이제 본론으로 돌아오겠습니다.

성경에 보면 하나님과 사람 사이에 돈과 관련하여 사람에게 의무가 부과된 것이 몇 가지 있습니다. 구약시대에는 십일조민 18:21; 신 12:17~19; 레 27:30와 성전세출 30:11~16; 38:26가 있었고 신약시대 중 예수님의 공생애 기간 중에는 위와 마찬가지로 겨우 명맥만 유지하고 있는 것이기는 하였지만, 그래도 율법에 바탕을 두어 강제성을 띤 십일조마 23:23와 성전세마 17:24~27 그리고 율법에 근거하지 않아 강제성을 띠지 않은 연보가 있었습니다.

그러나 완전한 복음시대에 들어서자 종래 율법에 의하여 강제성을 띠었던 그 십일조와 성전세는 자취를 감추고, 그 대신 과도기 때부터 자리잡기 시작한 연보제도막 12:41~43; 눅 21:1~4; 요 8:20 곧 율법에 근거한 것이 아니라 자발심에 의한 헌금제도만이 남아 정착하게 되었습니다.

다시 말해서 완전한 복음시대인 사도시대에 접어들고부터 위의 세 가지 종류 중에 십일조와 성전세라는 것은 자취를 감추고 오직 연보만이 남아 활발히 진행되었다는 말씀입니다.

이 연보에 관한 많은 기사들 중 몇 군데를 소개하면 다음과 같습니다.

고린도후서 8장 1~5절에 이르기를 "형제들아 하나님께서 마게도냐 교회들에게 주신 은혜를 우리가 너희에게 알게 하노라. 환난의 많은 시련 가운데서 저희 넘치는 기쁨과 극한 가난이 저희로 풍성한 연보를 넘치도록 하게 하였느니라. 내가 증거하노니 저희가 힘대로 할 뿐 아니라 힘에 지나도록 자원하여 이 은혜와 성도 섬기는 일에 참여함에 대하여 우리에게 간절히 구하니 우리의 바라던 것뿐 아니라 저희가 먼저 자신을 주께 드리고 또 하나님의 뜻을 좇아 우리에게 주었도다"고 하였습니다.

번역이 좀 어렵게 되어 있기는 하지만 사도 바울이 고린도에 있는 교회와 아가야에 있는 성도들에게 두번째 보낸 편지에서고후 1:1, 마게도냐 교회들이 성도 섬기는 일 곧 성도들을 돕는 일인 연보를 함에 있어 자기들도 그 일에 참여할 수 있도록 해 달라고 자신하여 간청해 왔을 뿐더러 환난의 많은 시련 가운데서도 넘치는 기쁨으로 풍성한 연보를 넘치도록 한 사실을 알림으로써, 연보란 어떤 정신으로 어떻게 하여야 하는가를 알려주고 있는 것입니다.

그리고 고린도후서 9장 6~7절에 이르기를 "이것이 곧 적게 심는 자는 적게 거두고 많이 심는 자는 많이 거둔다 하는 말이로다. 각각 그 마음에 정한 대로 할 것이요 인색함으로나 억지로 하지 말지니, 하나님은 즐겨 내는 자를 사랑하시느니라"고 하였습니다.

이는 복으로 심는 자는 복으로 또한 많이 심는 자는 많이 거두는 이른바 심는 대로 거두는 원리와 더불어, 남의 강요에 못이겨서나 인색함으로나 억지로가 아니라 각각 자발적으로 자기의 마음에 정한 대로 즐겨 냄으로써 하나님의 사랑하심을 받는 자가 되라고 가르치고 있는 것입니다.

이 대목에서 "어떤 사람은 이 날을 저 날보다 낫게 여기고 어떤 사람은 모든 날을 같게 여기나니 각각 자기 마음으로 확정할지니라 날을 중히 여기는 자도 주를 위하여 중히 여기고 먹는 자도 주를 위하여 먹으니 이는 하나님께 감사함이요 먹지 않는 자도 주를 위하여 먹지 아니하며 하나님께 감사하느니라" 롬 14:5,6는 말씀과 "주께서 가라사대 그날 후로는 저희와 세울 언약이 이것이라 하시고 내 법을 저희 마음에 두고 저희 생각에 기록하리라" 히 10:16는 말씀을 다시 생각하면서, 이제 막 상고한 "각각 그 마음에 정한 대로 할 것이요"라고 한 말씀을 음미해 보신다면 하나님께서는 금액의 많고 적음에 관계없이 안에서 우러나오는 자발적인 마음으로 바치는 것만을 좋아하신다는 사실을 잘 알 수 있게 될 것입니다.

그리고 또한 "우리 주 예수 그리스도의 은혜를 너희가 알거니와 부요하신 자로서 너희를 위하여 가난하게 되심은 그의 가난함을 인하여 너희로 부요케 하려 하심이니라" 고후 8:9고 함으로써, 우리가 왜 가난한 자들을 위한 연보에 인색하지 않고 너그럽고 후하게 해야 하는가 하는 이치를 말씀하고 있는 것입니다. 그런데 이 문장에는 상당히 주의를 기울여야 할 점이 있습니다.

문장 말미에 있는 "너희로 부요케 하려 하심이니라"에서 "너희로" 다음에 "하여금 가난한 자를 위한 연보에"가 생략되어 있다는 사실입니다.

그리고 "너희로 부요케 하려 하심이니라"고 한 그 부요란 말은 혼히 말하는 부자 되게 한다는 말이 아니라, 9장 11절에서 "모든 일에 부요하여 너그럽게 연보를 함은"이라 한데서 깨닫게 되는 바와 같이 "연보하는 데 있어 인색하지 않고 너그럽고 후하게 하려 하심이니라"고 한 뜻이라는 사실을 알아야 하는 것입니다.

그래서 이 문장 중 생략된 부분을 보완하고 또한 부요란 말을 그 본 뜻에 맞는 말로 대치하여 옮겨보면 아래와 같습니다.

"우리 주 예수 그리스도의 은혜를 너희가 알거니와 부요하신 자로서 너희를 위하여 가난하게 되심은 그의 가난함을 인하여 너희로 하여금 가난한 자를 위한 연보에 부요케 곧 인색하지 않고 너그럽고 후하게 하려 하심이니라"

어디 그뿐입니까? 고린도후서 9장 9~11절에서 시편 112편 9절을 인용해가면서 이르기를 "기록한 바 저희가 흩어 가난한 자들에게 주었으니 그의 의가 영원토록 있느니라"하고는 이어서 "심는 자에게 씨와 먹을 양식을 주시는 이가 너희 심을 것을 주사 풍성하게 하시고, 너희 의의 열매를 더하게 하시리니 너희가 모든 일에 부요하여 너그럽게 연보를 함은 저희로 우리로 말미암아 하나님께 감사하게 하는 것이라"고 말씀했습니다.

이는 심는 자에게는 씨와 먹을 양식을 주시는 것 다시 말해 연보하고자 하는 이에게는 연보할 것과 먹을 양식을 주신다는 사실과 연보는 의의 열매가 되며 그 연보로 말미암아 구호를 받는 이들이 하나님께 감사하게 한다는 큰 진리를 들어, 우리가 사랑에서 우러나오는 연보를 힘써 할 것을 누누이 강조하고 있는 것입니다.

연보(버려서 남을 돕는 것을 의미)를 뜻하는 말을 성도 섬기는 일 곧 성도들을 돕는 일로 표시된 곳이 많은데 그 예를 들면 고린도전서 16장 15절과 고린도후서 8장 4절, 9장 1절 그리고 로마서 15장

25절입니다.

그리고 버린다는 의미에 관하여는 고린도후서 9장 9절에서 "저가 흩어 가난한 자들에게 주었으니 그의 의가 영원토록 있느니라"에서 '흩어'와 서로 일맥 상통하는 말이란 사실에 생각이 미친다면 한층 더 흥미를 느끼게 될 것입니다.

십일조의 유래가 레위족을 위한 것이고 성전세의 유래는 성전의 유지를 위한 것이었는데 비하여 연보의 유래는 가난하고 불우한 성도들을 돕기 위한 것으로서, 이는 고린도전서 16장 1절에서 "성도들을 위하는 연보에 대하여는"이라 한 말이나 또는 로마서 15장 25절에 "이제는 내가 성도를 섬기는 일로 예루살렘에 가노니"라 한데서 잘 나타나 있습니다.

이밖에도 연보에 관하여 말한 성경구절은 많지만 여기서 우리가 주목할 것은, 예수님의 공생애 기간에만 하더라도 사람이 하나님께 바치는 것 중에는 이 연보 외에도 십일조와 성전세가 있었는데 지금은 위와 같이 연보에 대해서만 강조할 뿐 그 큰 몫을 차지하고 있던 십일조와 성전세에 관하여는 일언반구의 언급도 없다는 사실입니다.

멜기세덱이 제사직분을 맡고 있던 레위족보다도 높다는 사실을 설명하기 위하여 히브리서 기자가 레위족의 선조인 아브라함이 그에게 전리품의 십분의 일을 바친 사실을 말하는 과정에서 십분의 일히 7:9,10이란 말을 사용하였을 뿐, 이것을 제외한다면 사도시대 이래, 다시 말해 4복음을 제외한 사도행전 첫장부터 계시록 끝장에 이르는 신약성경 전체를 통하여 십일조와 성전세에 관하여는 모든 사도들이 이를 완전히 묵살해버리고 단 한마디의 언급조차도 하지 않았다는 것입니다.

게다가 그 묵살된 십일조와 성전세는 공교롭게도 복음의 산물이 아니라 율법의 산물입니다. 여기서 우리는 예수님의 십자가의 수난으로 그 지겨웠던 율법시대가(첫 것) 종말을 고하고 복음시대가(둘째 것) 전개되자 오로지 주님의 뜻에 순종하는 사도들은 율법의 소산인 십일조와 성전세를 버리고 복음에 연유한 연보만을 전하게 되었는데, 이야말로 그 첫 것을 폐하시고 둘째 것을 세우시려고 오신 우리 주님의 뜻을 충직하게 실천한 것임을 깨닫게 됩니다.

　갈라디아 2장 18절에서 이르기를 "만일 헐었던 것을 다시 세우면 내가 나를 범법한 자로 만드는 것이라"고 하였습니다. 따라서 만일 우리가 사도들이 헐어버린 십일조나 성전세의 제도를 다시 세운다면 그야말로 우리는 우리 자신을 범법자로 만든다는 사실을 알아야 합니다.

9장

사랑과 십일조

우리 기독교는 한마디로 '사랑의 교'라고 할 수 있을 뿐더러, 실상 우리 주님께서 우리에게 주신 많은 계명도 따지고 보면 오직 하나 "서로 사랑하라"요 13:34는 것으로 요약됩니다.

그러므로 이와 같은 주님의 계명을 항상 마음 깊이 새겨 두고 있던 사도 바울은 고린도전서 13장 서두를 "내가 사람의 방언과 천사의 말을 할지라도 사랑이 없으면 소리나는 구리와 울리는 꽹과리가 되고"라는 말로 시작하여 마침내 "그런즉 믿음 소망 사랑 이 세 가지는 항상 있을 것인데 그 중에 제일은 사랑이라"고 결론을 내리면서 사랑을 거듭 강조했습니다.

사실 생각해 보면 하나님이 그 하나밖에 없는 독생자를 세상에 보내 주신 것은 우리 인생을 사랑하신 연고요 3:16, 독생자 예수님께서 십자가의 형벌을 달게 받으시게 된 것 역시 우리에 대한 사랑 때문입니다사 53:5; 마 20:28.

그런데 하나님께서는 사랑하는 자에게는 연단하기 위하여 시험과 시련과 징계를 주시므로 슬퍼할 것이 아니라 온전히 기쁘게 여기라고 하셨는가 하면, 만약 전혀 그런 시련이나 징계가 없으면 이는 사생자이지 결코 참 아들은 아니라는 의미의 말씀까지 하신 적이 있습니다약 1:2~4; 히 12:5~8.

그러나 중요한 것은 하나님께서 우리에게 주시는 시험이나 징계는 모두 우리를 사랑하는 까닭에 주시므로 언제나 감당할 수 있는 시험만을 주시지, 감당치 못하여 넘어질 시험은 결코 주시지 않으신다는 사실입니다고전 10:13.

하나님의 사랑이 이러하듯 사람의 사랑도 이와 비슷한 경우가 많습니다. 지난 날 중국대륙을 적화통일한 모택동 주석이 그렇게도 대만을 병합하고 싶었지만, 전함이 거의 없는 상황에서 휘하 군인에게 헤엄쳐 가서 대만을 해방시키라는 명령만은 끝내 내리지 못하고 세상을 떠나고 말았습니다.

그 이유는 아주 간단합니다. 그 명령을 내릴 줄 몰라서가 아니라, 그런 명령을 내리면 목적 달성도 못하고 아까운 군인들의 목숨만 잃을 것이 너무나도 뻔하였기 때문입니다. 곧 군인들에 대한 모택동 주석의 사랑 때문이었던 것입니다.

어디 그뿐입니까? 지난 날 동서 양진영의 우두머리 격으로서 미국의 케네디 대통령과 소련의 후루시초프 서기장이 서로 힘겨룸을 하고 있었을 무렵, 후루시초프 서기장은 UN총회 단상에서 신발을 벗어들어 연단을 칠 정도로 세계를 향하여 큰소리를 쳤지만 케네디 대통령이 쿠바로 적송중이던 미사일을 실은 소련 선박을 격침시키겠다고 선언하자 후루시초프 서기장은 그야말로 세기적인 용단으로 그 배를 소련으로 회항케 하였습니다.

왜 도중에서 회항케 하였겠습니까? 그 이유 역시 아주 간단한 것입니다. 항해를 계속할 경우에는 자칫 전쟁의 실마리가 될 수 있기 때문에 가급적 그것을 피해야겠다는 생각도 작용했지만, 우선 그 배와 더불어 그 배에 타고 있던 소련 군인들의 생명을 구해야겠다는 다급한 생각 때문이었던 것입니다. 이 경우도 역시 자기 나라 군인에 대한 후루시초프 서기장의 사랑 때문이라 하겠습니다.

여기서 우리는 십일조를 내라는 것은 과연 대만해협을 헤엄쳐서 건너라는 명령보다 실행하기 쉬운 명령인가 하는 것을 한번 생각해 보도록 하겠습니다.

프랑스와 영국 사이의 약 50키로미터 되는 도버해협을 헤엄치는데 성공한 사람은 몇 안됩니다. 이에 비해 중국 대륙과 대만 사이에 있는 대만해협의 거리를 잘 모르기는 하지만, 식량의 준비와 물에 뜨게 하는 부레같은 것을 몸에 장착하고 용의주도한 준비를 한 군인들에게 대만해협을 횡단하도록 명령한다면 그 대부분은 도중에서 이래저래 죽어 물고기의 밥이 되고 말겠지만, 그래도 바람과 해류에 밀리고 표류해서라도 대만해안에 이를 수 있는 자가 혹 있을 수도 있을 것입니다.

그러나 십일조의 경우는 어떻습니까? 말라기 3장 9절에 의하면 "너희 곧 온 나라가 나의 것을 도적질하였으므로"라 함으로써 이스라엘 백성 중 온전한 십일조를 낸 이는 단 한 사람도 없었다는 사실을 온 천하에 공표하고 있습니다.

말라기 선지자를 통하여 여호와께서 이 말씀을 하실 때의 이스라엘 인구가 얼마쯤 되었는지 알 수 없지만, 민수기에 의하면 이스라엘 자손이 애굽 땅에서 나온 후 2년 2월 1일에 시내 광야에서 20세 이상으로 싸움에 나갈 만한 남자의민 1:3 수만 계수한 결과가 레위 지파를 제외하고서 603,550민 1:46이었다가, 다시 후일 가나안 땅에 들어가기 직전 모압 평지에서 20세 이상 남자만을 계수한 결과민 26:1~4 지난번 계수함을 입은 장정들이 모두 광야에서 죽었으므로 얼마간의 수효가 줄은 601,730명이었는데민 26:51, 계산의 편의를 위하여 약 60만으로 쳐도 20세 이상의 여자의 수를 이와 동수로 친다면 역시 60만으로서 이를 합하면 120만이요 또한 20세 이하의 남녀의 수를 20세 이상의 사람과 동수로 친다면 이스라엘 백성의 총수는 약 240만이 됩니다.

이것이 가나안 입국 직전의 일 곧 기원전 1407년 쯤의 일이라고 할 때 말라기 선지자의 시대인 기원전 460년까지의 사이에는 946년이란 세월이 가로 놓여 있으니, 지난 날 요셉으로 인하여 가나안에서 애굽으로 내려온 이스라엘 권속의 도합이 70인이었던 것이창 46:27 애굽의 객지살이 400년에 위와 같이 240만이 된 사실을 감안한다면, 이 240만에 다시 레위 지파의 수를 더하여 900년 후라면 아무리 인구 증가률을 적게 잡더라도 말라기 선지자의 시대에는 족히 2천만은 되었을 것이라고 추측해봅니다.

즉 그 2천만이란 막대한 이스라엘 백성 중 온전히 십일조를 바쳐서 도적으로 낙인 찍히지 않은 사람이 단 한 사람도 없었으니 어찌 십일조의 실천이 대만해협 횡단의 어려움 따위에 비할 수 있겠습니까?

모택동 주석이 그래도 군인들의 생명이 아까워 감히 대만해협을 헤엄쳐서 건너라는 명령을 내리지 못했는데, 그보다도 더 어려울 뿐더러 인간이 온전한 십일조를 바친다는 것이 불가능한 일이란 사실이 실증되어말 3:9 하나의 기정사실이 되었음에도 불구하고, 그로부터 2450년이(말라기 선지자로부터 예수님의 탄생 때까지의 기간)

지난 지금에 와서 십일조의 명령을 우리에게 새삼 되풀이한다는 것은 그야말로 멀쩡한 우리마저도 지난 날 이스라엘 온 나라와 같이 다 도적이란 낙인을 찍히게 하는 결과가 되고 맙니다.

  양에 대한 사랑이 있는 목자라면 양이 건널 수 없는 강으로 양떼를 몰아넣을 수 없을 것이며, 교인에 대한 사랑이 있는 목사라면 도적으로 낙인 찍힐 것이 기정사실로 확정되어 있는 방향으로 교인을 유도하지 않을 것입니다.

  십일조를 강조한 것이 진정코 그 사람의 구원을 위한 것이었는가 또는 그 사람보다는 오히려 돈을 위한 것이었는가 하는 것을 하나님 앞에서 진심으로 한번 생각해 보아야 할 것이며, 십일조를 강조하고 있는 것이 그 사람을 안전케 하는 것인가 도리어 죄에 빠트려 위태롭게 하고 있는 것인가 하는 것도 또한 하나님 앞에서 한번 생각해 보아야 할 것입니다.

  사도들이 가르친 연보의 방법은 그야말로 바치는 대로 모두 의의 열매가 되어 하나님을 기쁘시게 할 뿐더러 하나님께 영광을 돌리게 하는 좋은 방법이었다는 사실을, 목사들 스스로도 바로 알아야 할 뿐더러 남에게도 그것을 바로 가르치고 바로 시행케 하여야 한다는 것을 깊이 깨달아야 합니다고후 9:6,7,10,11,13.

  가령 어떤 목사가 교인들에게 십일조를 종용하려고 한다 합시다. 그럴 경우 첫째 자기 자신이 진정코 온전한 십일조의 생활을 하고 있는가 하는 것을 한번 살펴보아야 합니다.

  우리는 흔히 서기관들과 바리새인들을 비난하지만 실상 그들에게는 정직한 면이 있었습니다. 즉 간음 중에 잡힌 여자를 예수님께 끌고 와서는, 모세는 율법에 이러한 여자를 돌로 치라 명하였는데 선생은 어떻게 하겠느냐고 시험하여 물었을 때 "너희 중 죄 없는 자가 먼저 돌로 치라"고 하시자 "서기관들과 바리새인들이 음행중에 잡힌 여자를 끌고 와서 가운데 세우고 예수께 말하되 선생이여 이 여자가 간음하다가 현장에서 잡혔나이다 모세는 율법에 이러한 여자를 돌로 치라 명하였거니와 선생은 어떻게 말하겠나이까 그들이 이렇게 말함은 고발할 조건을 얻고자 하여 예수를 시험함이러라 예수께서 몸을 굽히사 손가락으로 땅에 쓰시니 그들이 묻기를 마지 아니하는지라 이에 일어나 이르시되 너희 중에 죄 없는 자가 먼저 돌로 치라 하시고 다시 몸을 굽혀 손가락으로 땅에 쓰시니 그들이 이 말씀을 듣고 양심에 가책을 느껴 어른으로 시작하여 젊은이까지 하나씩 하나씩 나가고 오직 예수와 그 가운데 섰는 여자만 남았더라 "요 8:3~9고 하는 숙연한 장면은 그들은 그래도 양심을 속이지는 않았음을 보여 줍니다.

목사들은 교회에서 받은 사례금에서 1할을 떼어 바치기만 하면 십일조를 낸 것으로 생각하지만, 목사의 수입이 어디 그뿐이겠습니까?

즉 바꾸어 말하자면 목사도 사람이고 그를 둘러싼 이들도 역시 사람이기 때문에 사람 사이에 오가는 인정에 따라 물질이 오가는 경우가 허다할 것인데 그 모든 경우에 1할을 떼어 바치기가 그리 쉬운 일이겠는가 하는 것입니다.

사도 요한은 이르기를 "누구든지 하나님을 사랑하노라 하고 그 형제를 미워하면 이는 거짓말하는 자니 보는 바 그 형제를 사랑치 아니하는 자가 보지 못하는 바 하나님을 사랑할 수 없느니라"요일 4:20고 하였습니다.

형제를 사랑하지 않으면서 하나님을 사랑한다고 하면 거짓말이 된다고 한 것처럼, 위에서 말한 대로 목사가 청렴한 생활을 하지 않은 채 "나는 십일조 생활을 하고 있노라"고 한다면 이야말로 거짓말하는 것이 되고 맙니다.

왜냐하면 하나님은 드러난 봉급만의 십일조를 말씀하신 것이 아니라 그야말로 온전한 십일조를 말씀하고 있기 때문인 것입니다.

이렇게 목사가 자기를 보았으면 다음에는 교인들의 입장과 능력도 한번 생각해 보아야 할 것입니다.

안식일에 밀밭 사이로 가던 이가 시장하여 밀 이삭 하나를 잘라 먹어도 안식일에 일을 한다고 했을 정도로^{마 12:1,2} 율법 지키기에 익숙하고도 엄격했던 유대인들마저 도적이란 판정을 받고 만 그 십일조에 관한 율법을, 과연 자기 교인은 완전히 지켜 낼 수 있을 것인가 하는 것을 진정으로 한번 생각해 보아야 한다는 것입니다.

만약 위태로운 생각이 조금이라도 든다면, "저가 아직 멀리 있는 동안에 사신을 보내어 화친을 청할지니라"^{눅 14:32}고 하신 바와 같이 아예 그 율법에는 도전할 생각을 버림으로써 교인들로 하여금 도적이란 판정을 받게 하지 말아야 합니다.

10장
십일조와 교회의 부패

우리는 지금까지 아홉 장에 걸쳐서 십일조에 관한 문제를 여러 가지 관점에서 상고해 왔습니다. 이와 같이 한 가지 문제를 가지고 이토록 다지고 또 다져가면서 상고해 온 까닭은 이 십일조가 우리 한국 교회를 부패시키고 타락케 한 주범으로 지목되기 때문이며, 이 문제의 해결 없이는 한국 교회의 정화가 불가능하리라고 생각했기 때문입니다.

사도 바울은 "돈을 사랑함이 일만 악의 뿌리가 되나니 이것을 사모하는 자들이 미혹을 받아 믿음에서 떠나 많은 근심으로써 자기를 찔렀도다" 딤전 6:10고 하였습니다.

우리는 여기서 "돈을 사랑하는" 마음이 곧 헐리웠던 십일조의 율법을 다시 세운갈 2:18 범인이요, 폐해진 첫 것히 10:9을 다시 일으킨 장본인이란 사실에 주목하지 않을 수 없습니다.

이제 돈을 사랑하는 마음이 우리 하나님의 교회를 어떻게 부패시켰는지에 대해서 그간 교회가 겪어 온 사실을 통하여 잠시 살펴보겠습니다.

우리 신교의 모체인 로마교회는 이른바 베드로가 그리스도로부터 받았다고 하는 천국열쇠와 그때 약속받은 "그가 땅에서 매면 하늘에서도 매이고 땅에서 풀면 하늘에서도 풀린다"마 16:19고 하는 그 '매고 풀고' 의 교리를 무엇보다도 소중하게 생각해 왔습니다.

그런데 그들에게 돈을 사랑하는 마음이 생기자 "이것을 사모하는 자들이 미혹을 받아 믿음에서 떠나"딤전 6:10라고 한 바와 같이, 그들은 이 교리를 이용하면 신도들로부터 돈을 우려낼 수 있을 것이라는 요사한 생각에 사로잡히고 말았던 것입니다.

원래 로마교회에서는 어떤 사람의 죄를 사해 줄 때는 그 죄를 상쇄할 만한 선행을 요구했는데, 처음에는 이 선행의 종류로 성지순례나 가난한 자를 구제하는 행위가 성행하였습니다.

그런데 선행의 종류가 조금씩 교회에 기부금을 내는 방향으로 변모하게 되자 돈 맛을 알게 된 교회는 기부금 제도를 옹호하고 뒷받침하기 위하여 신학자들로 하여금 속죄권에 관한 신학을 개발케 하여 본격적으로 돈을 우려내기 위한 신학연구에 열중하였습니다.

그 결과 성립된 신학이 바로 스콜라 신학인데 그 이론의 요체를 발췌하면 다음과 같습니다.

첫째, 선행은 하나의 가치로서 다른 사람들에게까지 효과를 줄 수 있다.

둘째, 교회는 그리스도와 그 제자들과 많은 성자들과 순교자들이 남기고 간 많은 선행을 관리하고 있다.

셋째, 이러한 과잉공덕過剩功德의 관리자인 교황은 죄의 일정량에 대하여 그와 비길 수 있을 만한 선행을 나누어 주고 그 대가를 받을 수 있는데, 이때 그 선행을 나누어 주었다고 하는 증서에 해당하는 것이 속죄권이다.

넷째, 이 속죄권은 그것을 구입한 사람의 죄만 속죄하는 것이 아니라 이미 세상을 떠난 그의 부모나 친구들을 연옥에서 건져 내는 역할도 할 수 있다.

이상이 어용학자들인 스콜라 신학자들의 속죄권에 관한 이론입니다. 이 속죄권에는 부분적인 것과 전반적인 것의 두 가지가 있는데, 그 중 부분적인 것은 범죄에 대한 고행의 일부를 감하여 주는 것이고 전반적인 것은 문자 그대로 전적인 완전 속죄 곧 평생 동안의 모든 죄의 완전 속죄를 뜻하는 것입니다.

이 완전 속죄권이 처음으로 발부된 것은 교황 우르반 2세(1088~1099)가 제1차 십자군 운동을 일으켰을 때였으나, 교황청은 그 후에도 재정이 어려워질 때마다 간헐적으로나마 이 편법에 의존하여 그들의 필요를 충당했습니다.

그러다가 1515년 교황 레오 10세가 베드로사원의 건축자금을 염출하기 위하여 대대적인 속죄권을 발행한 결과 그 판매망이 독일 국내에까지 미치게 되었습니다.

이때 사제인 동시에 위텐벅wittenberg대학의 신학부 교수로 있던 루터는 1517년 10월 31일 "속죄권의 효력을 밝히기 위한 토론"이란 제목으로 95개조의 라틴문 토론 제목을 위텐벅 교회 벽에 게시하게 됩니다.

결국 이것이 계기가 되어 종교개혁이 일어나게 되었으며, 중세기를 통하여 장장 5세기에 걸쳐서 세계를 휩쓸어 오던 그 스콜라 학설도 삽시간에 몰락하게 되었던 것입니다.

마치 고르바초프의 페레스트로이카(개혁)와 글라스노스트(개방) 운동으로 말미암아 그 강렬하던 공산주의 사조가 일조에 몰락되고 말았듯이 말입니다.

그리하여 이 루터의 항거 곧 그로 인한 종교개혁이 계기가 되어 로마교회는 교황청을 비롯하여 모든 교직들이 돈을 경계하고 청빈을 숭상하는 기풍을 세우는데 결속함으로써, 교황이나 사제들이 돈과 관련하여 세상에 추문을 던지거나 세상으로부터 빈축을 사게 된 일은 거의 찾아볼 수가 없게 된 것입니다.

그런데 개신교의 실정은 어떻습니까?

어떤 목사는 현금과 수표를 포함하여 20여만 달라를 감추어 가지고 김포 공항을 떠나다가 발각되어 세상을 놀라게 하더니, 어떤 목사는 수천만 원대의 판돈으로 국내외를 오가면서 노름판을 벌여 오다 일망타진된 기사가 보도된 적도 있습니다.

또 어떤 목사는 최근 약 1년 반 동안에 70여 회나 인접국을 드나들면서 상습적으로 총액 24만 달라가 넘는 밀수를 해 온 것이 발각되어 세인의 빈축을 사게 하더니 어떤 교파의 장로 아들은 신도들의 헌금으로 이루어진 교회 공금 중에서 10억 원이 넘는 대금을 착복하여 세상을 어리둥절하게 하고 있습니다.

세상에 드러나 신문에 기사화된 것이 빙산의 일각이라고 생각한다면, 그야말로 드러나지 않게 돈과 연루된 추잡성과 부패성은 과연 어떻겠습니까? 예로부터 견물생심이라 하여 물건을 보면 욕심이 생긴다고 하였습니다.

매주일마다 들어오는 헌금의 액수가 몇 백만원에서 몇 천만원에 이르는 교회가 부지기수라 하니, 이 많은 돈을 주무르며 요리하는 이들에게 어찌 사심이 생기지 않을 수 있겠습니까? 그리고 일단 사심이 생기면 그것을 이겨내기가 그리 쉬운 일이겠습니까?

그래서 예수님께서도 주기도문에서 "우리를 시험에 들게 하지 마옵시고" 마 6:13라고 기도하라고 가르치신 것이 아니겠습니까?

그런데 교회가 이렇게 부하게 된 주요 원인이 율법에 연유한 십일조의 강조에 있다는 사실을 생각할 때 우리는 이를 예사롭게 보아 넘길 수 없는 것입니다.

이는 지금까지 살펴본 바와 같이 십일조의 율법이 폐해진 지가 어언 2천 년에 이르렀을 뿐 아니라, 이스라엘 백성들이 모든 율법과 더불어 십일조의 율법을 지키려고 무던히 힘써 왔지만 온전한 십일조가 아니란 이유에서 이스라엘 온 나라가 다 도적으로 낙인되었으며 말 3:9,10, 우리 한국 교회들도 목사들의 강요로 말미암아 돈은 돈대로 내면서도 하나님으로부터는 이스라엘 백성들과 마찬가지로 도적으로 낙인될 수밖에 없기 때문입니다.

하나님께 바치되 하나님께서 기뻐하시는 온전한 방법이 얼마든지 있음에도 불구하고 고후 8:1~5; 9:6,7, 안전하고도 선한 방법보다는 결국 도적이란 판정을 모면할 수 없는 그런 불행하고도 위험한 방법을 택하는 이유가 과연 무엇이며 누구를 위하여 그런 방법을 택하는 것인지에 대해서 관심을 기울이지 않을 수 없습니다.

왜냐하면 하나님께서 "각각 그 마음에 정한 대로 할 것이요 인색함으로나 억지로 하지 말지니, 하나님은 즐겨내는 자를 사랑하시느니라" 고후 9:7고 하심으로써, 율법으로 말미암아 강요되어 내는 십일조 따위를 좋아하지 않으신다는 사실이 명시되어 있고, 십일조를 내는 이의 입장에서 볼 때도 온전한 십일조냐 도적으로 낙인될 십일조냐에 대한 위험 부담이 있는 쪽보다는 그런 위험이 없는 쪽이 훨씬 낫기 때문입니다.

또한 갈라디아서 2장 16절에서는 "사람이 의롭게 되는 것은 율법의 행위에서 난 것이 아니요"라고 함으로써 율법에 연유한 십일조의 봉납은 아무리 실행해도 의가 되지 않는다는 철리를 밝히고 있습니다.

십일조 제도로 말미암아 교회 재정이 풍부하여 남아 돌아가는데 어찌 목사들의 봉급 봉투가 두툼해지지 않을 수 있겠으며 또한 사리가 이러한데 어찌 목사들이 십일조 제도에 매력을 느끼지 않을 수 있겠습니까?

목사들의 수입이 회사 중역이나 대학 교수들의 수입을 능가하여 장차관급에 이른다는 이야기와 전에는 고등고시를 통과하여 앞으로 판·검사가 될 엘리트 총각이나 의사가 될 총각들을 선호하던 적령기의 처녀들이 지금은 오히려 목사 사모가 되기를 원하는 세태로 바뀌어졌다는 따위의 이야기들은 결코 아름답고 자랑스런 이야기로 치부해서는 안될 것입니다.

더 늦기 전에 지난 날 로마교회가 부패에서 떨치고 일어서듯 우리 한국 교회도 이러한 부패와 타락에서 결연히 일어서야 할 때가 아니겠습니까?

우리는 복음시대에 살고 있는 까닭에 율법에 연유한 안식일, 안식년, 희년, 월삭, 유월절, 무교절, 칠칠절, 초막절, 오순절, 맥추절, 그리고 할례, 결례 등을 준수해야 할 이유가 없습니다.

그리고 율법에 금지사항으로 되어 있는 것 즉 예사로 포도원에 두 종자를 섞어 뿌리는 것(신 22:9과 자기 아내나 딸들에게 바지를 입히는 것신 22:5과 예사로 혼방직물로 된 옷을 자기도 입고 가족에게도 입히는 것신 22:11 등을 율법이 죄로 규정하고 있다고 말하는 목사는 단 한 사람도 없습니다.

그런데 유독 돈에 관한 율법인 십일조에 관해서만은, 이에 따르도록 모든 방법을 다하고 있는 것이 오늘날 한국 교회의 실상인 것입니다. 그리하여 이러한 목사들로 인하여 수많은 교인들이 돈은 돈대로 내면서도 도적으로 단죄되는 그 함정으로 다시 빠져들고 있습니다.

사도 바울이 "돈을 사랑함이 일만 악의 뿌리가 되나니 이것을 사모하는 자들이 미혹을 받아 믿음에서 떠나 많은 근심으로써 자기를 찔렀도다"딤전 6:10고 말씀한 사실에 비추어 볼 때, 이들은 분명 돈에 대한 사랑과 사모로 인하여 미혹된 것이라고 밖에 할 수 없습니다.

지난 날 로마 교황청이 그 미혹을 받아 속죄권을 발행했을 때는 교황청도 하나요 속죄권의 발행처도 하나였으므로, 그 미혹에서 깨어나게 하는 데도 루터 한 분으로 족했습니다. 그러나 오늘날의 목사들을 그 미혹에서 돌이키게 하는 데는 한 사람의 루터로는 부족합니다. 하나님과 진리를 사랑하는 모든 성도들이 다 루터가 될 때 비로소 그 위선과 거짓 가르침의 가면이 벗겨질 것이며 우리 주님의 뜻에 따라 사도들이 세운 교회 본연의 모습으로 새로 태어나게 될 것입니다. 그리고 다시는 돈내고 도적으로 단죄되는 일 없이 바치는 대로 다 의의 열매고후 9:10가 되는 성스러운 교회의 모습으로 돌아오게 될 것입니다.

아르헨티나 한인록 311면(1990년도 판)에는 하나의 천주교, 하나의 여호와의 증인, 그리고 고려사와 조계사 등 두 개의 사찰(그 후

하나로 통합함)과 교회연합회, 목회자협회 및 하나의 수양관과 기도원을 제외하고도, 34개의 교회들이 등록되어 있음을 보게 됩니다.

그리고 이곳 한국인 교회들의 역사는 1965년 한국인 이민의 도착과 더불어 시작되는데, 필자는 마치 뜰안 화초밭의 꽃이 피고지고 하는 것을 보듯 이곳 한국 교회들의 역사를 본의 아니게 가까이서 보아왔습니다.

많은 목사들이 부임할 때는 천사와 같은 말을 했으며 모두가 이곳 양들을 위해서 온 것처럼 행동했습니다. 그런데 그들은 한결같이 약속이나 한듯이 소리도 없이 미국으로 빠져나가고 말았습니다.

낚시꾼막 1:17의 입장으로 비유하자면, 낚시꾼은 적고 고기떼는 많은 곳이 바람직한 것임에도 불구하고, 오히려 고기떼보다도 낚시꾼들이 더 많이 모이는 곳으로 못 가서 안달하거나 또는 뒷전으로 그 길을 모색하는 데 여념이 없는 것이 이곳에 있는 대부분 목사들의 실상입니다.

양떼를 찾아 그곳으로 가는 것이 아니라, 하다못해 백화점 청소부를 하든 남의 집 정원 풀깎이를 하든, 갈 수만 있으면 가 놓고 보자는 것이 지금까지 이곳을 거쳐 간 목사들의 실상입니다.

"요한의 아들 시몬아, 네가 나를 사랑하느냐, 그러면 내 양을 치라" 요 21:15~17는 설교를 수도 없이 해온 목사들이 이렇게들 갖가지 모양의 발자취를 남기고는 다 미국으로 갔거나 또는 가고 있는 중입니다.

일일이 적어 두지 않아 잘은 모르지만, 매년 이곳을 떠난 목사들을 5명으로 잡으면 25년에 125명이요, 2명으로 잡으면 50명입니다만, 어쨌든 그 모든 목사들이 다 "땅끝까지 이르러 내 증인이 되리라"행 1:8고 하신 그 땅끝을 미국으로 알고 있었던 모양입니다.

아직 복음이 제대로 들어가지 못하고 있는 곳들 이를 테면, 드넓은 아프리카 대륙이나, 중동이나, 아프가니스탄이나, 티벳이나, 인도나, 버마나, 몽골 같은 곳들은 물론, 심지어 이 중남아메리카 대륙 안에도, 이곳보다 좀더 미개지에 속하는 나라들이 많지만, 지금까지 그런 곳으로 간 이는 단 한분도 본 적이 없고(여기보다 더 많은 봉급을 주겠다는 제의에 브라질로 간 이는 몇 분 있지만) 그 모두가 다 미국으로만 몰려 갔으니 말입니다.

이렇게 떠난 후 그들의 발자취를 돌아볼 때마다 그들이야말로 예수님께서 이르신 그대로, "목자가 아니라 삯꾼들"요 10:12인 동시에 양을 먹이는 목자가 아니라 자기를 먹이는 목자들겔 34:2이 아니었던가 하는 의문이 듭니다.

그리고 정말 자기를 먹이기보다 양을 먹이는 것을 사명과 본분으로 삼는 참 목자가 되기가 그렇게도 힘든 것인가 하는 것을 여러 차례 느껴보곤 했습니다.

그렇다면 현재 이곳에 있는 목사들을 비롯하여 한국에 있는 그 많은 목사들은 어떠할까요?

오늘날 한국 교회의 실상을 요한계시록에 나오는 일곱 교회의 유형에서 찾아 본다면, 그 중 일곱째의 교회인 라오디게아 교회계 3:14에 해당되지 않을까 생각합니다.

요한계시록 3장에는 "네가 말하기를 나는 부자라, 부요하여 부족한 것이 없다 하나 네 곤고한 것과 가련한 것과 가난한 것과 눈먼 것과 벌거벗은 것을 알지 못하도다. 내가 너를 권하노니 내게서 불로 연단한 금을 사서 부요하게 하고 흰옷을 사서 입어 벌거벗은 수치를 보이지 않게 하고 안약을 사서 눈에 발라 보게 하라"계 3:17,18고 말씀합니다.

한국에는 세계 최대의 교회가 있으며 과거에는 복음의 전도를 받는 나라였지만 지금은 우리도 부요하고 성장할 만큼 성장하였으니, 이제는 선교를 해야 할 위치에 이르렀다고 말하고 있습니다.

그러나 요한계시록 3장은 한국 교회가 진리에서 떠나 곤고하고 가련하고 가난하고 눈멀고 벌거벗은 상태에 있음을 경고하고 있는 듯합니다.

마치 성령이 한국 교회를 향하여 이르기를 "내가 너를 권하노니 내게서 불로 연단한 믿음을 받아 믿음으로 부요하게 되고, 예수님의 속죄로 너의 죄의 수치를 면하게 하고, 영안을 뜨게 하는 은혜를 입어 진리를 분별하라"고 당부하는 듯합니다.

그러므로 저는 혹시라도 한국의 기독교가 회개하여 새로 태어남이 없이 지금 이 상태대로 외부 세계로 전파될까 오히려 염려하고 있는 사람 중의 하나입니다.

이제 그 이유를 좀더 부연해 보겠습니다. 값없이 받은 구원과 영생의 도인 '십자가의 도'고전 1:18가 돈을 사랑하는 사람들에 의하여 육신을 위해 축복을 제공해 주는 수단으로 둔갑함과 동시에, 그것이 다시 '십일조의 도'로 변하여 마침내 목사들을 치부와 부패로 이끄는 시녀로 만들어버렸는가 하면, 일반 신도들에게는 그것이 오히려 '지옥으로 이끄는 도'가 되어버렸습니다.

이는 "우상숭배자들과 모든 거짓말 하는 자들은 불과 유황으로 타는 못에 참예하리니"계 21:8라 한 말씀에 의거할 때, 십일조 제도가 존속하는 이상, 이스라엘 온 나라가말 3:9 거짓말 하여 도적으로 낙인 찍히지 않을 수 없었듯이, 우리 한국 신도들도 온전한 십일조가 아님에도 불구하고 마치 온전한 십일조인 양 거짓말 하지 않을 수 없는 것이 너무나도 확실하기 때문입니다.

거짓말 한 자들의 갈 곳이 지옥계 21:8이라고 한 말씀에 대하여 "거짓말 안하는 사람이 어디 있느냐"고 예사로 들어 넘기려는 이가 있을지도 모르지만, 거짓말이 악의 없는 사소한 것도 있지만 그 중에는 중벌이 뒤따르는 것도 있다는 사실에 유의하여야 할 것입니다.

이를 테면, 선서 후에 하는 거짓말 곧 위증의 경우에는 중한 형벌이 뒤따르게 되어 있고, 하급자가 상급자에게 거짓으로 보고하는 직무상의 허위 보고는 그 질에 따라 파면은 물론 무거운 벌을 면할 수 없게 되어 있는 것이 세상법의 상례인 것입니다.

이와 같이 사람이 사람에게 행한 거짓말에 있어서도 각각 그 경우에 따라 중벌을 모면할 수 없게 되어 있거늘, 하물며 사람이 하나님께 대하여 행한 거짓말이 어찌 무서운 보응 없이 넘어갈 수 있겠습니까?

이제 우리가 잘 아는 아나니아와 삽비라의 사건에서 베드로가 한 말을 옮겨 보겠습니다.

"베드로가 이르되 아나니아야 어찌하여 사탄이 네 마음에 가득하여 네가 성령을 속이고 땅 값 얼마를 감추었느냐 땅이 그대로 있을 때에는 네 땅이 아니며 판 후에도 네 마음대로 할 수가 없더냐 어찌하여 이 일을 네 마음에 두었느냐 사람에게 거짓말한 것이 아니요 하나님께로다 아나니아가 이 말을 듣고 엎드러져 혼이 떠나니 이 일을 듣는 사람이 다 크게 두려워하더라" 행 5:3~5.

여기서 우리는 하나님께 대한 거짓말은 사람에 대한 거짓말과 달라서 성령을 속이는 일이 되는 동시에(마 12:31,32; 성령을 훼방하는 것도 무서운 죄가 되거늘 하물며 성령을 속는 일에 있어서랴) 십일조 안 되는 돈을 봉투에 넣어서 마치 십일조인 양 하나님 앞에 내는 행위는 분명히 하나님께 대한 거짓말 곧 성령을 속이는 것이 되어, 응분의 형벌을 면할 수 없다는 사실을 분명히 알아야 할 것입니다.

지난 날의 속죄권의 판매와 함께 복음시대에 들어와서 행해지는 십일조의 강조 행위는 모두 불법과 부패의 산물이므로 우리는 이제 그 부패의 정도를 생각해보고자 합니다.

첫째, 속죄권에 대해서 생각해보겠습니다. 가령 역대 교황을 베드로의 후계자로 인정한다면 속죄권에는 상당한 근거를 찾아볼 수 있을 것입니다.

이를 테면, 마태복음 16장 19절에서 주장하는 천국열쇠의 상속과 "땅에서 무엇이든지 매면 하늘에서 매일 것이요 땅에서 풀면 하늘에서도 풀리리라"고 한 권리의 상속이 그들 말대로 다 이루어지고 있다면, 그들의 이론에는 상당한 이유를 부여할 수 있습니다.

뿐만 아니라 "세상이 새롭게 되어 인자가 자기 영광의 보좌에 앉을 때에 나를 좇는 너희(열두 제자)도 열두 보좌에 앉아 이스라엘 열두 지파를 심판하리라"마 19:28고 하심으로써, 심판에 동참할 수 있는 권한을 열두 제자들에게 약속하셨는가 하면, "아버지께서 나를 보내신 것 같이 나도 너희(열 두 제자)를 보내노라. 이 말씀을 하시고 저희를 향하사 숨을 내쉬며 가라사대 성령을 받으라. 너희가 뉘 죄든지 사하면 사하여질 것이요 뉘 죄든지 그대로 두면 그대로 있으리라"요 20:21~23고 하셨으니, 이러한 권세가 로마 교황청에 합법적으로 상속되었다면, 교황청이 속죄권을 발행하는 일에 이의를 제기하는 쪽이 오히려 어리석고 미련한 행위가 될 것입니다.

그러나 로마 교황청의 주장은 어디까지나 그들의 일방적인 주장이지 성경 어디에도 베드로를 포함한 열두 제자들의 그러한 권능이 누구에게 상속되었다는 기록이 없을 뿐더러, 열두 제자에게 주신 그러한 직능은 어디까지나 그 열두 제자에게 한정되는 것이지 결코 남에게 이전하거나 상속할 수 있는 성질의 것이 아니므로 그 주장이 다 거짓 주장이 아닐 수 없는 것입니다.

둘째, 십일조에 관하여는 이렇습니다. 속죄권에 관하여는 위와 같이 그 권한의 상속 여부에 문제가 있을 뿐, 그 점을 제외한다면 나름대로 상당한 이유를 발견할 수 있습니다.

그러나 율법시대가 아닌 복음시대에 와서 율법에 속하는 십일조의 제도를 다시 세운다는 것은 범법행위가 됩니다갈 2:18. 뿐만 아니라 율법을 완성시키려고(폐하시려고) 오신 예수님의 목적을 무산시키는 결과가 되어롬 10:4 속죄권에서 찾아볼 수 있는 그 이유의 일만분의 일의 이유도 찾아볼 수 없음은 물론 예수님의 오신 목적에 대한 반역행위가 되는 것입니다.

"율법의 행위로서는 의롭다 함을 얻을 육체가 없느니라" 갈 2:16
"그러므로 사람이 의롭다 하심을 얻는 것은 율법의 행위에 있지 않고 믿음으로 되는 줄 우리가 인정하노라" 롬 3:28

이러한 말씀들은 모두 율법의 의는 의가 되지 못함을 명약관화하게 말하고 있습니다.

이를 테면, 안중근 선생은 우리 민족 최대의 의사義士로 숭앙받고 있는 분인데, 그분이 1909년 10월 26일의 하얼빈 역에서 이등박문을 총살한 거사는 율법이나 강제에 의한 것이 아니었습니다.

아무 율법의 강요가 없었음에도 불구하고 오직 자신의 애국 애족

심으로 인하여 목숨을 내던져 가면서 그러한 거사를 행한 그 행함이 의로 인정되는 동시에 그를 의사로 추앙하게 된 것입니다.

다시 말해 징병법이라는 법령에 의하여 군무에 복무하다 전사하거나 강제로 징집되어 전쟁하다 전사하는 죽음은 특별한 의로 인정되지 않는 것입니다.

이러한 사실에서 우리는 율법의 의는 의가 되지 않는 이치를 깨달을 수 있게 될 것이며 또한 그 이치가 깨달아진다면, 율법에 연유한 십일조는 아무리 많은 액수를 바쳤거나 아무리 온전한 십일조를 평생 동안 거르지 않고 바쳤다 할지라도, 의가 되지 못하는 이치를 깨달을 수 있게 됩니다.

나아가서 그런 율법의 강요 없이 내는 연보는 비록 그 액수가 적더라도 모두 의의 열매고후 9:10,11가 된다는 사실도 아울러 깨달을 수 있게 될 것입니다.

율법의 행위 곧 율법의 준수가 의가 되지 못하는 또 다른 예를 들어 보겠습니다.

십계명 제6조의 "살인하지 말라"는 계명을 아무리 잘 지켜도 그것은 당연한 것일 뿐 의가 되지 못하는가 하면, 제7조를 지켜서 간음을 하지 않아도 그것 역시 당연한 것일 뿐 아무런 자랑거리나 의가 되지 못합니다.

어디 그뿐입니까? 만약 한번이라도 실수하여 어느 하나의 계명이라도 지키지 못하게 되면 지난 날의 모든 공로가 수포로 돌아가는 것은 물론 중벌을 면치 못합니다.

그러므로 성경은 "누구든지 온 율법을 지키다가 그 하나에 거치면 모두 범한 자가 되나니"약 2:10라고 함으로써 율법의 무익성과 잔인성을 고발하는 동시에 율법에서 떠날 것을 권유하고 있습니다.

다시 한 예를 들어 보겠습니다. 조세법에 의하여 1억 원의 세를 부과받은 이가 9,900만 원의 세금을 내었다면 아직도 100만 원의 미납금이 있어 세금미납자가 되지만, 그런 부과가 없는 사람이라면 단돈 10만 원을 기부하여도 그것이 의가 되는 것입니다.

그러므로 "그리스도는 모든 믿는 자에게 의를 이루기 위하여 율법의 마침이 되시니라" 롬 10:4고 하였는데, 이를 헌금이나 십일조 등에 관련하여 알기 쉽게 말해 보자면, "모든 믿는 자의 행위(헌금이나 십일조)가 의가 되기 위하여는 율법이 폐해져야 하겠는데 이를 폐하려 오신 이가 바로 예수 그리스도시다"라고 한 말이 되는 것입니다.

이 모든 말씀들에 항거하느냐, 감사와 아멘으로 받아들여 그 복음을 나의 것으로 삼느냐 하는 것은 오직 우리들 자신에게 달려 있는 것입니다.

혹 어떤 목사는 이르기를 우리가 교회를 건축한 것이나 해외 선교를 하고 있는 것도 다 이 십일조의 덕분인데, 이것 없이 우리가 무엇으로 그 일들을 할 수 있느냐고 할 것입니다.

그러나 유대에서 발생한 기독교가 유럽과 미국을 거쳐 한국까지 오는 데는 십일조의 힘으로 온 것이 아닐 뿐더러, "사람이 만일 온 천하를 얻고도 제 목숨을 잃으면 무엇이 유익하리요. 사람이 무엇을 주고 제 목숨을 바꾸겠느냐" 마 16:26고 하셨는데, 이제 이 말씀 중 "제 목숨을 잃으면"을 "자기가 바친 헌금이 의가 되지 않는다면"으로 대치해 보면 아래와 같은 말이 되는 것입니다.

"사람이 만일 온 천하를 얻고도 자기가 바친 헌금이 의가 되지 않으면(율법의 의는 의가 되지 않는다고 하였음) 자기에게 무엇이 유익하리요. 사람이 무엇을 주고 자기의 의를 바꾸겠느냐."

이렇게 대치해서 음미해 보신다면 모든 것을 스스로 깨달을 수 있게 될 것입니다.

언젠가 한국의 신문들이 고 김재규씨의 동생이 국가를 상대로 낸 손해배상 청구소송에서, 서울 민사지법은 합수부의 강요 사실이 인정되어 국가가 배상할 책임이 있음을 인정하면서도, 이미 손해배상 청구권의 시효(3년)가 지났다는 이유로 원고의 청구를 기각한 기사가 크게 실렸습니다.

청구 내용은 합수부에 의하여 강제 헌납된 신당동의 대지와 기타 7건의 부동산과 5억 원짜리 예금통장 등 도합 40여억 원에 이르는 거액의 재산이란 사실까지 소상하게 실렸던 것이 기억납니다.

국가측에 배상의 의무가 있음이 인정되면서도 시효 기간의 완료로 인해 배상을 못 받게 된 이의 입장이나 그의 심정이 되어 본다면, 법률에 있어 시효라는 것이 얼마나 중요한 것인가 하는 것을 새삼 느끼게 될 것입니다.

그러므로 십일조에 관한 시효의 완료 기간은 대체 언제까지인가 하는 것을 이번 기회에 한번 생각해 보는 것도 부질없는 일은 아닐 것입니다.

십일조에 관한 시효는 예수님께서 십자가 상에서 "다 이루었다" 요 19:30 하시면서 운명하실 때, 율법이 완성(폐지)되면서 그 시효가 완료된 것입니다. 그리고 지금 이 시대는 십일조의 시효가 완료된 지 어언 2천 년이 지난 시대입니다.

어디 그뿐입니까? 김재규씨의 동생되는 분이 소송을 제기했듯, 성경 상의 제반 문제들을 심의하여 재판해 주는 성경재판소 같은 것이 있어서, 어떤 사람이 십일조 제도의 무효 확인소송을 제기하였다고 가정합시다.

　이를 심의한 재판부는 아마도 시효 완료로서 무효임을 선언함은 물론이거니와 레위족의 구별이 없어진데다 레위족에 의한 제사 제도마저 없어진 지 오래된 사실에 비추어, 레위족을 위하여 생긴 십일조에 관한 율법을 무효라고 선고하지 않을 수 없을 것입니다.

　필자는 아르헨티나에 이민 와서 사는 동안 한때 한국 교회가 없어 아르헨티나 교회에 나간 적이 있었는데 필자에게는 모든 것이 신기하고 놀라웠습니다.

　집회 시간을 잘 몰라 좀 여유 있게 나가느라 아침 일찍이 교회에 나갔더니 막 주일학교 학생들을 가르치려는 때였습니다. 고등학교 학생쯤 되어 보이는 두 남자 선생과 한 여자 선생이 한 테이블에 둘러 앉더니 고개를 숙이고 기도를 하였습니다.

　그리고 보니 테이블 위에는 빵 한 개와 포도주 한 컵이 놓여 있었는데, 기도를 마치자 그 빵을 떼어서 각각 조그마한 조각을 입에 넣어 먹었습니다. 그리고 다시 기도를 하더니 포도주의 컵을 돌려가며 조금씩 마시고는 경건한 모습으로 일어나 각각 자기 반을 향하여 가르치러 들어가는 것이었습니다.

　처음에는 몰랐지만 보고 있는 동안에 성찬을 행하고 있다는 것을 알게 되면서, 그것이 너무나도 인상적이고 받은 바 은혜가 커서 후일 저희들이 섬기는 교회에서도 종래 해오던 그 인위적인 도토리 껍데기 같은 성찬컵이며 콩알만하게 빵을 미리 썰어 주는 방식을 폐하고 그들을 본받아 그대로 행하고 있습니다.

　또한 아르헨티나의 교회는 십일조의 강요나 종용이 없음은 물론 각자 은혜받은 대로 언제나 자유롭고 기쁜 마음으로 연보를 하게 합니다.

처음에는 단에서 설교를 하는 분은 당연히 목사인 줄 알았는데, 후에 알고 본즉 직업목사가 있는 교회는 오히려 찾아보기 힘들 정도였고 대부분이 직업목사가 없는 교회들이었는데, 말씀이 그렇게도 은혜스러웠던 기억이 아직도 생생합니다.

이를 테면, 장로들이 주축이 되어서 교회를 이끌어 가며 설교를 하는데, 집사들에게도 은혜를 받은 이는 설교하도록 권장하여 집사가 설교하는 때도 있는가 하면, 그밖에 누구든지 은혜받은 이는 나와서 간증이나 독창을 하게 하는 것을 보면서 "너희 선생은 하나요 너희는 다 형제이니라"마 23:8고 하신 주님의 말씀이 현실로 화한 것을 보는 듯했습니다.

뿐만 아니라 대개의 교회들이 설교할 때 모두 깨끗한 평복 차림으로 설교단에 오르지, 인위적으로 권위를 세우려고 옛날 제사장을 상징하는 검은 가운을 입고 단에 서는 이를 별로 본 적이 없습니다. 또한 흔히 한국 교회들이 강단에 융단을 깔아 신을 벗고 올라가게 하고 있는데 비하여 아르헨티나 교회들은 그런 구별된 의식을 하지 않는 점 등이 기억에 생생합니다.

예수님께서 운명하실 때 "성소 휘장이 위로부터 아래까지 찢어져 둘이 되고"마 27:51 성소와 지성소의 구별이 없어졌음은 물론 나아가서 "이르되 우리가 너희를 향하여 피리를 불어도 너희가 춤추지 않고 우리가 슬피 울어도 너희가 가슴을 치지 아니하였다 함과 같도다"마 11:17고 하심으로써, 앞으로의 교회는 지난 날처럼 제사장들이 주관하고 다스리던 그런 성전으로서가 아니라 모든 사람들이 차별 없이 다 같이 나와서 하나님께 기도하는 교회가 되리라는 뜻의 말씀을 하셨습니다.

교회 안 어느 곳이고 하나님이 임재하시기는 한가지인데 장소에 따라 구별된 행위를 하지 않는 편이 얼마나 더 성경적인가 하는 것을 뒤늦게 깨닫게 되었습니다.

여기서 모두 말할 수 없지만 필자는 "한국 교회가 해외로 뻗어 나가야 한다"는 목사들의 말을 대할 때마다, 오히려 그 반대로 한국 교회의 목사나 지도자들이 이 아르헨티나 교회들을 보고 그 복음적이고도 순박한 점 등을 오히려 배웠으면 하고 내심 안타까워하지 않을 수 없었습니다.

예수님께서 이르시기를 "내가 너희에게 이르노니 너희 의가 서기관과 바리새인보다 더 낫지 못하면 결단코 천국에 들어가지 못하리라"마 5:20고 하셨습니다.

이 말씀을 아주 간단하고도 쉬운 말로 바꾸어 말하면 다음과 같은 말이 됩니다. 오늘날 우리가 복음을 통하여 예수님을 믿지만 그 복음에 대한 우리의 열심(우리의 의)이, 지난 날의 서기관과 바리새인들이 율법을 숭상하고 준수해 온 그 율법에 대한 열심(그들의 의)보다 더 낫지 못하면 결단코 천국에 들어가지 못한다는 말씀인 것입니다.

여기서 우리는 두 가지 사실을 알게 됩니다.

첫째, 서기관과 바리새인들의 의와 우리의 의가 같은 유에 속하는 것이 아니라 서로 범주를 달리하는 의라는 것입니다. 즉 그들의 의는 율법의 의인데 반하여 우리의 의는 복음의 의라는 사실입니다.

둘째, 예수님께서는 그들의 의 곧 그들의 율법 준수에 대한 열심을 상당히 높이 평가해 주셨다는 사실입니다.

그러므로 우리가 여기서 깨달아야 할 것은 유대 민족은 위와 같이 예수님께로부터도 상당히 인정받을 정도로 율법을 무던히 준수해 왔지만, 율법을 준수함으로써 구원받을 수 있는 사람은 아무도 없기 때문에 예수님께서는 이를 완성(쉽게 말해 폐하는 것)시킨 동시에 이를 대신하는 복음을 가져오셨다는 사실입니다.

그러므로 우리는 복음을 믿는 동시에 모든 율법의 잔재(십일조 따위)에서 힘써 벗어나야 한다는 사실입니다.

엘리야는 이스라엘 중에서 으뜸가는 선지자 중의 한 분입니다. 그는 에녹창 5:24과 더불어 죽음을 맛보지 않고 승천한 사람 중의 한 분일 뿐더러왕하 2:11; 왕상 17~19장; 21:17~29; 왕하 1:3~2:14, "엿새 후에 예수께서 베드로와 야고보와 그 형제 요한을 데리시고 따로 높은 산에 올라가셨더니 저희 앞에서 변형되사 그 얼굴이 해같이 빛나며 옷이 빛과 같이 희어졌더라. 때에 모세와 엘리야가 예수로 더불어 말씀하는 것이 저희에게 보이거늘 베드로가 예수께 여짜와 가로되, 주여 우리가 여기 있는 것이 좋사오니 주께서 만일 원하시면 내가 여기서 초막 셋을 짓되, 하나는 주를 위하여 하나는 모세를 위하여 하나는 엘리야를 위하여 하리이다"마 17:1~4고 하였을 정도로 그는 이스라엘 역사에 중요한 위치를 차지하고 있는 분 중의 한 분입니다.

엘리야는 뛰어난 선지자일 뿐 아니라 모세와 더불어 예수님께서 특별히 구별하여 상대하신 출중한 명사이지만, 중대한 오판을 한 일이 있었기에 이에 관한 기사를 옮겨 보겠습니다.

"너희가 성경이 엘리야를 가리켜 말한 것을 알지 못하느냐 그가 이스라엘을 하나님께 고발하되 주여 그들이 주의 선지자들을 죽였으며 주의 제단들을 헐어 버렸고 나만 남았는데 내 목숨도 찾나이다 하니 "롬 11:2~5

이 말씀은 이스라엘 왕 아합이 바알 우상을 섬기는 이세벨을 왕후로 삼게 됨을 계기로 하여 하나님을 섬기는 이스라엘을 핍박하고 잔멸하였습니다왕상 16:30,31; 19:1~10.

그때 엘리야가 아합 왕 내외의 핍박을 피하기 위해서 호렙산 굴로 피신하여 하나님께 호소하기를 "저희가 주의 선지자들을 다 죽이고 나만 홀로 남았는데 이제 내 목숨도 찾나이다"라고 한 내용입니다.

그런데 하나님께서는 "나를 위하여 바알에게 무릎을 꿇지 아니한 사람 칠천을 남겨 두었다"고 대답하심으로써, 엘리야가 바알에게 굴하지 않은 이는 오직 자기 혼자뿐이라고 생각한 것이 얼마나 그릇된 판단이며 동시에 자기 무지를 노출시킨 일이었는지를 깨닫게 해 줍니다.

이와 같이 필자도 많은 목사들이라 함으로써, 마치 모든 목사들을 싸잡아 매도하듯 비난과 실망을 표해 왔지만 이는 다만 저의 눈에 비추어진 외면적인 상을 그대로 묘사한 것일 뿐입니다.

실제로는 부디 엘리야의 오판과 무지의 노출처럼 필자의 경우에 있어서도, 필자의 본 것이 다 허상이요, 필자의 생각이 다 잘못된 오판이 되어서, 지금 우리 한국 교회에도 역시 지난 날 엘리야 때에 바알에게 무릎을 꿇지 않은 이가 칠천이나 있었듯이, 돈에 무릎을 꿇지 않고 자기를 먹이는 목자겔 34:2가 아닌 진정 양을 먹이는 참 목자가 칠천이나 또는 그 이상 있을 것으로 믿고자 원하는 동시에 또한 진정 그러하기를 충심으로 원합니다.

11장
부패 방지와 독일교회

앞장에서는 로마교회와 개신교회의 교직자가 돈을 사랑하는 것이 교회 부패의 주요 원인이었던 동시에, 그것이 로마교회에서는 속죄권을 발행하는 현상으로 나타났으며 개신교회에서는 율법의 완성으로 인하여 폐지되었던 십일조 제도를 재건하는 현상으로 나타난 사실을 상고한 바 있습니다.

본장에서는 이러한 부패를 방지하기 위하여 외국에서는 대체 어떤 방법들을 쓰고 있는가, 특히 독일 교회에서는 어떤 조처를 취하고 있는가 하는 것에 관하여 말씀드림으로써, 한국 교회를 사랑하는 교역자들과 신도들에게 하나의 참고가 되게 하는 동시에, 나아가서 그것이 한국 교회를 바로잡기 위한 운동을 일으키게 하는 조그만한 계기가 되었으면 하는 것입니다.

필자는 직업적으로 남을 가르치기 위함이거나 또는 그것을 저의 육신의 생활 수단으로 삼기 위하여 예수님을 믿는 것이 아니라약 3:1, 그의 피 공로로 말미암지 않고는 죄사함과 구원을 얻을 수 없겠기에 예수님을 믿는 것 뿐입니다.

필자는 다만 성경을 상고할 뿐요 5:39 참조 다른 사람들을 가르칠 만한 것이 아무것도 없는 데다, 특히 외국 문제에 있어서는 남에게 내어 놓고 말할 만한 식견이 없는 것이 사실입니다.

그럼에도 불구하고 이와 같이 장을 따로 구분해가면서 독일 교회에 관하여 쓰게 된 것은 쓸만한 분량이 그만큼 많아서가 아니라, 매우 적은 분량이지만 독일 교회의 모습으로 인해 제가 받은 충격이 너무나도 컸기 때문입니다.

필자에게는 일찍이 독일에 가서 공부한 후 그곳에서 변호사업을 하고 있는 아들이 있습니다. 그 아들의 초청으로 약 2주일 간 그리 길지 않은 독일 여행을 한 일이 있는데, 그때 보고 들은 것 중에서 중요하다고 느낀 것 몇 가지를 여기에 기록하고자 합니다.

필자는 1987년 4월 7일 독일 브레멘Bremen에 있는 아들 집에 도착하여 동서로 나뉘어져 있는 옛 수도 베를린을 비롯하여 프랑스의 파리 등을 구경하고, 4월 19일 부활주일을 맞이하여 아들이 나가는 독일인 교회에서 예배를 드리게 되었는데, 그때 보고 들은 것 중에서 중요하다고 생각되는 몇 가지를 소개함으로써 여러분의 참고 자료가 되게 하고자 합니다.

오전 11시 정각에 예배가 시작되었는데, 교회는 높은 종각이 있는 중세기풍의 단층 건물이었으며 좀 오래되긴 하였으나 깨끗하고 구김새 없는 아름다운 교회였는데 교인은 약 200명 정도 모였습니다.

전자 오르간의 반주로 찬송가를 부르고 있었는데, 찬양대 대원들이 거의 중년에 가까운 분들이었던 것이 좀 인상적이었습니다. 그래서 유심히 좌석을 두루 살펴본즉 일반 좌석에도 역시 젊은 청년층이 별로 눈에 띄지 않았습니다. 나중에 알고 본즉 소년부, 청년부, 장년부 등 각부에 따라 예배 시간이 다르기 때문이라 했습니다.

말을 모르니 설교 내용은 알아들을 수 없고, 찬양대가 찬양하는 것 중에서 우리 찬송가 150장 '무덤에 머물러'의 찬양이 나올 때 입속으로 우리말로 겨우 따라 해 보는 정도 외에는 무슨 말을 하고 있는지 도무지 감을 잡을 수 없어 시종 주위만 두리번거리다 보니 예배 시간이 끝났습니다.

일어서면서 왜 연보 시간이 없느냐고 아들에게 물었더니, 여기서는 예배 시간에 연보 순서가 따로 없으므로 교인 앞에 연보 주머니를 돌리는 일이 없다고 하는 것이었습니다.

그래서 연보는 어떻게 하느냐고 물으니, 각자가 회당에 들어올 때나 나갈 때 입구에 설치되어 있는 연보함에 자유로이 넣는다고 하면서 나갈 때 그 연보함을 가리켜 드리겠다고 하는 것이었습니다.

그러면서 하는 말이, 아까 설교 후 광고 시간에 말하기를 오늘 연보는 칠레의 불우한 이들을 위하여 보내진다는 것과 별관에 성찬식 준비가 되어 있으니 나갈 때 모두 참예하고 가라는 광고가 있었다고 했습니다.

"들어도 듣지 못하며" 마 13:13라 하더니, 어느 정도 알아들을 때 질문도 하지 독일말이라고는 전혀 모르니 아들이 옆에 앉아 있어도 아예 질문할 입장도 못되고, 아들 역시 통역해 줄 엄두도 못낸 채 예배 시간이 지나갔습니다.

회당을 나오는 행렬을 따라 나오다 회당문에 이르렀을 때, 문 입구 양편에 하나씩 세워져 있는 약 30센치미터 평방에 1미터 정도 높이의 투표함 같이 생긴 연보함을 가리키면서 연보하고 싶은 사람은 여기에 돈을 넣으면 된다고 하였습니다. 거기 흰 종이에 써 붙여져 있는 것은 아까 광고한 대로 오늘 연보의 사용처는 칠레의 불우한 이웃을 위하여 보내지는 것이라고 쓰여져 있다는 것이었습니다.

그래서 필자는 그 취지에 대한 찬반과는 관계없이 아침에 교회에 갈 때 연보돈으로 준비해 간 것이 있었으므로 그것을 넣고 나오면서 교회 본건물 옆에 있는 별관 안을 본즉, 네 줄로 테이블을 길게 이어 놓고 그 위에는 흰 테이블보로 덮은 후 드문드문 포도주 병과 빵을 담은 바구니와 삶은 계란을 담은 쟁반들이 놓여 있었습니다.

아무 설명이 없어도 일견하여 본즉 성찬식을 하는데, 오늘은 부활절인 만큼 특별히 부활의 상징으로 계란이 추가되었구나 하는 것을 감지할 수 있었습니다. 우리는 그 성찬식에는 참예하지 않고 바로 집으로 돌아왔습니다.

집에 와서 점심을 먹으면서, 아들에게 "아까 네가 연보하고 싶은 사람은 여기에 돈을 넣으면 된다"고 하였는데, 연보란 항상 기쁜 마음으로 미리 준비해 두었다가 주일마다 바쳐야지 "연보하고 싶은 사람"이란 대체 무슨 말이냐고 좀 꾸지람하는 뜻으로 말했더니, 점심 잡수신 후에 이곳 연보제도에 대하여 말씀해드리겠다고 하는 것이었습니다.

그래서 밥술을 놓자 마자 말을 재촉하였더니, 아들은 연보에 대한 전후사정을 자세히 이야기해 주었습니다. 한참 듣고 있는 동안 모두가 너무나 새롭고 놀라운 이야기들이어서 마치 감전이라도 된 듯한 느낌이었습니다. 그 내용들을 요약하면 대충 아래와 같은 것이었습니다.

독일은 마틴 루터를 낳은 나라로서 종교의 부패를 방지하기 위해

비상한 관심을 기울이고 있는 나라라는 것이며, 종교의 부패는 종교의 부패 그 자체에 그치지 아니하고 결국은 온 백성과 정부의 부패에까지 영향을 끼친다는 생각을 가지고 있는 나라라는 것입니다.

그러므로 민주주의 이념에 따라 국민들에게 완벽한 종교의 자유를 주되 교직자로 하여금 돈으로 인한 부패에 빠지지 않도록 하기 위하여 여러 가지 제도적 장치를 마련하고 있는데, 그 구체적인 내용을 소개하면 다음과 같습니다.

첫째, 모든 국민은 그 소득세의 약 7%에 해당하는 종교세를 내어야 하는데, 이때 납세자는 자기의 소속 종교 즉 구교 같으면 구교 신교 같으면 신교라고 표시를 한다. 또한 이때 아무 종교에도 속해 있지 않거나 아무 종교도 원치 않을 때에는 종교세는 내지 않아도 무방하다.

둘째, 정부는 징수된 종교세를 재원으로 하여 모든 교직자들 곧 신부나 목사들에게 마치 일반 교직원들이나 국가 공무원들과 마찬가지로 학력, 경력, 연령 등에 따라 합리적으로 봉급을 준다. 그러므로 큰 교회 목사들이 많은 수입으로 호강을 누리는 반면 빈촌의 목사들이 생활고에 허덕여야 하는 그런 비정과 부조리의 폐단이 없게 된다.

셋째, 정부 안에 이런 일을 관장하는 종교청이 있어서 그 종교청에서 이 모든 일을 처리한다.

넷째, 모든 교회들은 매주일 연보를 받을 수 있되, 그 연보는 언제나 어떤 자선사업이나 구호사업 등 남을 위하여 사용해야지 자기 교회나 목사를 위해서는 사용할 수 없다.

교회 유지비는 규정에 따라 정부 예산에서 나오며 특히 수리나 증

축 등의 필요가 있을 때는 정부(종교청)에 신청서를 제출해야 하며 이럴 경우에도 신도들에게서 직접 연보를 요구하여서는 아니된다.

다섯째, 연보시에는 항상 그 사용처를 주지시켜야 한다.

대충 위와 같은 내용들이었는데 이야기를 듣고 본즉, 교회를 나올 때 아들이 한 말 곧 '연보하고 싶은 사람'이란 다름 아니라 '그 취지에 찬동하는 사람'이라는 뜻임을 알게 되었으며, "오늘 연보는 칠레의 불우한 이들을 위하여 보내지게 된다."면서 그 사용처를 명시해 주고 있는 까닭을 납득하게 되었던 것입니다.

그중 무엇보다도 놀라면서 알게 된 사실은, 어떤 교인이 아무리 열심으로 거금의 헌금을 하더라도 자기 교회 자체나 또는 자기 교회 목사 당자에게는 아무 이득이 없다는 사실이었습니다.

어느 목사도 헌금을 위하여 과도히 열을 올려 강변할 필요가 없는가 하면 또한 연보가 목사에 대한 아부의 수단이 될 수도 없어, 결국 목사가 돈으로 인하여 부패될 만한 소지는 아예 근원부터 삭제되어 버린다는 사실이었습니다.

듣고 있는 동안에 참 신기하다고 느끼면서도, 잘 믿든 못 믿든 그래도 한평생 예수님을 믿어 왔는데 어찌하여 그 많은 목사들 중 세상에는 이런 나라나 이런 교회나 또는 이런 교회의 제도가 있다는 사실을 말해 주는 목사가 단 한 명도 없었나 하는 점에, 뭔가 허탈감과 의분 같은 것을 느끼지 않을 수 없었습니다.

그러다가 아들에게 내가 너희 목사님을 한번 만나 볼 수 없겠느냐고 말했습니다. 왜냐하면 아들의 이야기를 불신하는 것은 아니지만, 그래도 그것이 너무나도 신기하고 꿈 같은 이야기라서 목사님께 좀 확인해 보고 싶은 충동이 일어났기 때문이었습니다.

그랬더니 아들은 그 자리에서 목사님께 전화를 걸어 "아르헨티나에서 오신 아버님께서, 오늘 교회에서 같이 예배를 드렸지만 별도로 목사님을 한번 뵈었으면 합니다. 22일 수요일에 떠나시니 그 안으로 아무 때나 목사님 편리한 시간에 만나뵐 수 없을까요?" 하고 말했습니다.

전화가 끝난 후에 하는 말이, 21일 오후 4시에 목사님께서 집으로 오시겠다고 한다는 것이었습니다. 어찌나 고마웠는지!

마침내 그날이 되어 독일인 자부는 다과를 준비해 놓고 저와 아들은 현관에서 밖을 내다보며 기다리고 있는데, 정각 4시가 되자 자전거를 타신 목사님이 문 앞을 다가오고 있었습니다.

자전거를 타고 오는 일에 대하여 제가 놀란 표정을 짓자, 아들은 낮은 목소리로 우리 목사님은 부인이나 가족들을 동반할 때는 자동차를 타시지만 혼자 다닐 때는 언제나 자전거를 타신다고 하는 것이었습니다.

이 말을 들으면서 얼른 현관문을 열고 나가서, 얼떨결에 인사한다는 게 "바쁘신데 감사합니다. 이렇게 자전거로 오십니까" 하며 인사를 드렸더니, 아들의 통역을 들은 그는 웃는 얼굴로 이르기를 "나를 보고 싶어 하고 필요로 하신다니, 오히려 제가 얼마나 감사한 일입니까? 그리고 나는 언제나 이렇게 자전거로 다니는 것을 좋아한답니다."고 하는 것이었습니다.

이렇게 인사를 나누고 모두 거실로 들어갔는데 목사님은 잠시 눈을 감고 묵도를 드린 후 아들을 가리키며, 닥터 박을 통하여 벌써부터 우리 집안 이야기를 들었다면서 초면같지 않게 아주 반가이 대해 주는 것이었습니다.

다과를 들면서 4시부터 6시까지 약 2시간 동안 여러 가지 이야기를 들었는데, 그때 목사님이 한 말 가운데서 특히 기억에 남는 것을 몇 가지만 옮겨보면 이러합니다.

   십일조에 관한 견해에 대해서는 "그것은 율법시대 곧 구약시대의 일이 아닙니까?" 라는 답변으로 가볍게 일축해 버림으로써, 지금 이 시점에서는 있을 수 없는 일이라는 듯 더 이상 생각할 여지를 남기지 않았습니다.

   연보를 자기 교회에 하지 아니하는 경우와 연보로 바쳐진 돈을 자기 교회를 위하여 사용하지 아니하고 더 약한 교회나 남을 위해서 사용해야 하는 점에 대하여는, 담담한 표정으로 이르기를 부패 방지라는 점에서만이 아니라 연보제도가 생기게 된 유래가 바로 그런 것이기 때문이라고 했습니다.

   이방인의 전도자가 된 사도 바울이 자기가 세운 교회들에 대하여 재난과 빈핍으로 어려운 가운데 있는 예루살렘 교회를 위하여 연보를 하도록 유도한 것을 비롯하여고전 16:1~4, 가난한 이들을 위하여 연보를 하게 한 것이나갈 2:10, 그 밖에 사도행전 11장 29,30절이나 로마서 15장 25,26절이나 고린도후서 8장 4,5절과 9장 1~5절들은 한결같이 자기 교회를 위해서가 아니라, 자기 교회보다 어려운 교회를 위하여 연보한 사실을 밝혀 주고 있는 기사들이 아니냐면서, 그 당위성에 대한 자기의 의견을 거침없이 피력해 주었습니다.

   끝으로 목사 입장에서 돈 문제와 관계없이 순수히 복음 전하는 것과 진리의 문제를 연구하면서 신도들을 대하게 되는 것이 얼마나 큰 복인지 이루 말할 수 없다면서, 그의 평소의 감회를 술회했습니다.

   위와 같은 대화의 시간을 가진 후 다음 날 아르헨티나로 돌아가기 위하여 뉴욕행 비행기를 탔는데, 비행기 안에서도 줄곧 저의 뇌리를 감도는 것은 목사님이 자전거를 타고 오던 모습과 교인들과의 사이에 돈 문제와 관계없이 만나게 되는 것을 다시 없는 복으로 여긴다던 그 말이었습니다.

우리 고어에 주마간산走馬看山이란 말이 있습니다만, 달리는 말 위에서 얼른 스치며 본 것으로야 어찌 가히 심산유곡의 비경을 보았다 할 수가 있겠습니까?
이와 같이 제가 독일 교회에 관하여 말하기는 하였지만, 그야말로 이는 주마간산 후의 간산론 같은 격이지 결코 그 진면목을 통찰한 것이라 할 수는 없는 것입니다.
그럼에도 불구하고 이렇게 말하게 된 것은 이에 관한 별다른 지식이나 조예가 있어서가 아니라, 본문에서 밝힌 바와 같이 아들과 목사님으로부터 몇 마디 안 되는 말을 들었지만, 그것에 대한 저의 충격이 너무나도 컸기 때문입니다.
이를 테면, 목사들의 수입에 관하여 말하자면, 한국 교회는 목사와 목사의 영향하에 있는 장로들과의 합의체 곧 당회에 일임하는 자유방임주의 제도에 속한다고 한다면, 독일 교회는 그런 제도에서 오는 폐단을 방지하기 위하여 죽어도 돈에 관해서만은 신자와 목사 사이를 절연케 한 제도라 할 수 있는 것으로서(마치 선생이 학생들의 교육을 담당하되 선생과 학생 사이에 직접 돈에 관해서만은 아무 관계가 없듯이), 우리 한국 교계는 이 제도가 싫든 좋든 도저히 간과해서 안 될 매우 소중한 연구 대상이 아닐 수 없는 것으로 느껴졌기 때문입니다.
이곳에서 발행되는 영자신문 브에노스 헤럴드Buenos Herald지는 매금요일자 신문마다 '교회예배 안내' 라는 난을 두어, 아르헨티나 각지에 있는 영미 계통의 각 교파의 교회들에 관하여 교회 이름, 교회 주소, 전화번호 및 예배 시간 등을 알리는 안내 기사를 싣고 있는데 그 내용들을 살펴보면 거의 세계 기독교교파들이 다 망라된 듯, 각 교파별로 그 이름들이 나열되어 있습니다.

그래서 그 각 교회에, 우표를 붙인 회신용 봉투를 동봉하여 십일조에 대한 설문서를 보낸 결과 무응답이 11교회가 있었으나, 그 나머지 교회들은 다 십일조 문제에는 '불관여 불언급' 이라는 회답뿐이었지 십일조를 독려하고 있다는 회답을 보내온 교회라고는 단 한 곳도 없었습니다.

독일 교회의 목사님이, 연보 제도가 생기게 된 유래가 바로 자기 교회를 잘 짓고 호화롭게 하기 위함이 아니라, 가난한 자를 구제하기 위해서나 빈핍한 교회를 돕기 위한 것이 아니었느냐는 뜻으로 말한 사실을 앞에서 소개하였습니다만, 예수님께서는 대체 이에 대해서 어떻게 말씀하셨습니까?

우리 누구나가 다 잘 아는 이야기입니다만 "내가 무슨 선한 일을 하여야 영생을 얻으리이까"고 묻는 부자 청년에 대한 예수님의 대답은, "나를 위하여 큰 전을 지어라" 든가 또는 "소유를 팔아 교회에 갖다 바쳐라"가 아니라 "소유를 팔아 가난한 자들을 주라 그리고 와서 나를 좇으라" 마 19:21는 것이었습니다.

또 "주여 우리가 어느 때에 주의 주리신 것을 보고 공궤하였으며 목마르신 것을 보고 마시게 하였나이까" 마 25:37고 하였을 때, "내가 진실로 너희에게 이르노니, 너희가 여기 내 형제 중에 지극히 작은 자 하나에게 한 것이 곧 내게 한 것이니라"고 하셨는데, 예수님께서 하신 이러한 대답의 말씀들은 모두 독일 목사님의 말의 옳음을 다시 한번 뒷받침해 주는 동시에, 장구한 세월 동안 교회에 갖다 바치는 것만이 하나님께 바치는 것이라는 식으로 오도되어 온 우리에게는 정말 시사하는 바가 너무나도 큽니다.

마치 공직자의 기강 해이의 도를 보여 주기라도 하듯, 지난 91년 연초에는 이른바 국회 상공위원회 위원들의 뇌물성 외유사건이 터져 한동안 온 국민들의 분노를 산 적이 있었습니다만, 이와 비슷한 때에 비슷한 일들이 우리 한국 기독교계에도 일어나고 있어 뜻있는 신자들의 우려를 자아내고 있습니다.

그것은 곧 구약의 안식년에 연유하여 자기 교회 목사에게 안식년 휴가 곧 안식년 외유를 시켜주고자 하는 운동인 것입니다.

결론부터 말하자면, 이것 역시 십일조로 인하여 한국 교계에 돈이 남아 돌아가게 된 결과에 연유한 것으로, 우리가 유독 이 문제를 중시하며 우려하는 것은 이것이 돈의 과잉 상태에서 오는 단순한 부패 현상이 아니라, 우리 기독교를 부지불식 간에 예수님의 복음에서 다시 모세의 율법으로 되돌아가게 하는 복음에 대한 반역 행위가 되기 때문입니다.

폐일언하고 어려운 진리 문제에 관한 점은 차치하더라도 일반 신자들은 먹고 살기 위하여 주일과 경축일과 휴일 이외에는 밤낮없이 땀 흘리며 일해야 하기 마련인데창 3:19 참조, 그 땀 흘린 자들의 헌금으로 목사가 안식년 외유이든 안식년 내유이든 간에, 어쨌든 안식년이란 이름 아래 남이 갖지 않는 평안한 안식의 날을 갖는다는 것이 세상 윤리관에 비추어 볼찌라도 용납될 수 있는 일인가 하는 것입니다.

아무리 신자들이 그렇게 하는 것을 좋은 일로 알고 그런 제안을 해 왔다 할지라도, 진리를 가르쳐야 하는 목사의 입장에서는 그 동기를 안식년과 관련시킨 그런 외유나 휴가에 대하여는 단호히 거절하는 동시에 받아들일 수 없는 사유를 분명히 설명해 주어야 할 것입니다.

왜냐하면 안식년은 율법에서 난 것으로, 안식년을 지키려면 먼저 주일을 버리고 안식일로 되돌아 가야 할 뿐 아니라 또한 그렇게 되면 복음을 버리고 율법으로 되돌아 가는 것이 되어, 예수님의 죽음을 허사로 만드는 결과가 되기 때문입니다롬 10:4; 요 19:30.

또한 안식년에 관한 규례는 목사만이 안식하는 것이 아니라 그 해에는 토지도 쉬게 해야 하는 동시에 가난한 자들을 돌보며 나아가서는 빚진 자의 빚을 탕감해 주는 그러한 해인데출 23:10,11; 레 25:3~5; 신 15:1,2 등, 이러한 긴요한 일들을 저버리고 자기만 안식하려는 처사는 옳지 않기 때문입니다.

그리고 이 대목에서 진정 애석함을 금할 수 없는 것은 당회원들이 "우리 목사님 그간 수고가 많았으니 안식년을 즐기소서" 하면서 안식년 외유를 제의해 왔다 하더라도 그런 기회에 "너희가 날과 달과 절기와 해를 삼가 지키니 내가 너희를 위하여 수고한 것이 헛될까 두려워하노라"갈 4:10,11고 한 말씀 가운데 담겨져 있는 그 심오한 뜻을 조금이라도 가르쳐 주어야 할 것이 아닌가 하는 점입니다.

다시 말해서 사도들이 매주 하루를 주께 예배드리는 날로 정할 때, 왜 십계명 제4조에 의하여 선조 대대로 지켜 내려오던 그 안식일을 폐하고 주일을 정하여 지키게 되었는가 하는 일에 대하여 이런 기회에 설명해 주어야 한다는 것입니다.

또는 이런 기회에 우리의 믿음의 선진 곧 지난 날 미국으로 이민

온 청교도들이, 한 해의 소산에 대하여 하나님께 감사를 드릴 때 이왕 추수와 관련하여 감사를 드릴 바에야 선조 대대로 준수해 오던 그 맥추절출 23:16을 지킬 것이지, 왜 새로 감사절이란 것을 정하여 지키게 되었는가 하는 것에 대해서도 그 이유를 좀 설명해 주어야 할 것이라고 생각합니다.

이 모든 이유는 갈라디아서 4장 8~11절을 고요히 묵상하여 음미하면 깨달을 수 있게 될 것입니다만 참고로 몇 말씀 부연하자면, 날과 달과 절기와 해를 지킨다는 것은 얼른 생각하기에는 매우 좋은 일 같지만, 실은 아직도 율법의 굴레를 벗어버리지 못하고 있다는 것을 의미하며, 율법의 굴레를 벗어버리지 못한다는 것은 그리스도에게서 끊어지고 은혜에서 떨어진 상태에 있음을 의미하는 것입니다갈 5:4.